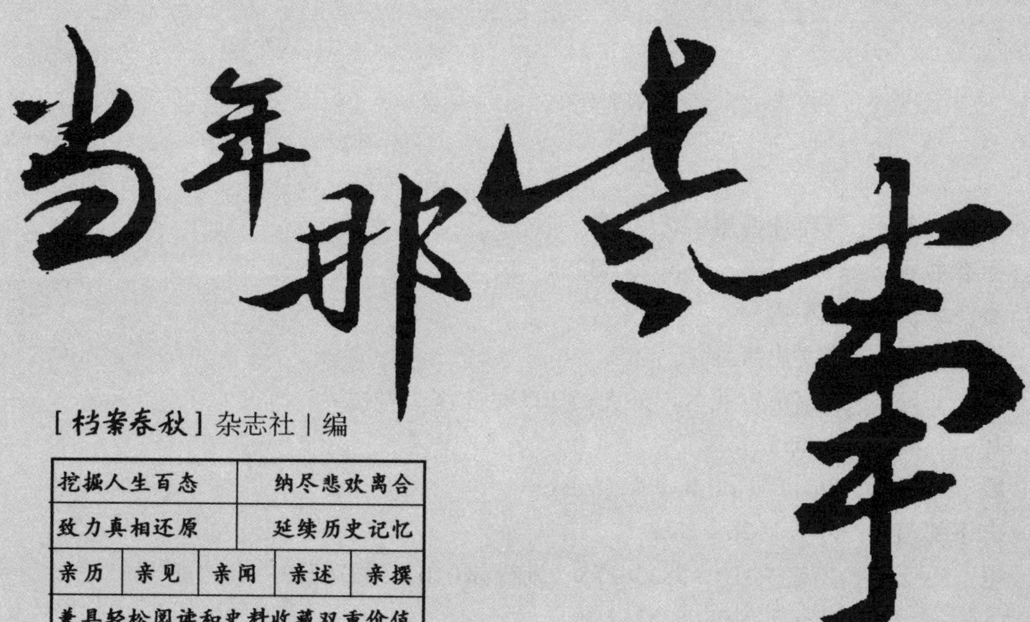

[档案春秋]杂志社 | 编

挖掘人生百态	纳尽悲欢离合
致力真相还原	延续历史记忆

亲历	亲见	亲闻	亲述	亲撰
兼具轻松阅读和史料收藏双重价值				

华文出版社

图书在版编目（CIP）数据

当年那些事.2 /《档案春秋》杂志社编. -- 北京：华文出版社,2010.10

ISBN 978-7-5075-3285-2

Ⅰ.①当… Ⅱ.①档… Ⅲ.①中国—近代史—史料②中国—现代史—史料 Ⅳ.①K250.6②K260.6

中国版本图书馆 CIP 数据核字（2010）第 187814 号

书　　名	当年那些事.2
标准书号	ISBN 978-7-5075-3285-2
责任编辑	宋军占
出版发行	华文出版社
地　　址	北京市宣武区广外大街 305 号 8 区 2 号楼
邮　　编	100055
网　　址	http://www.hwcbs.com.cn
电子邮箱	hwcbs@263.com
电　　话	总编室 010-58336255　发行部 010-58336270
	编辑部 010-58336278
经　　销	新华书店
开本印刷	北京市梦宇印务有限公司
	850mm×1168mm　1/16 开本　15 印张　220 千
	2010 年 10 月第 1 版　2010 年 10 月第 1 次印刷
定　　价	29.80 元

序

《档案春秋》快满六周岁了！

作为一份面向大众的档案人文类刊物，这六年来，《档案春秋》一直受到上级领导和广大作者、读者的关爱，依托丰富的档案信息资源，蒐集精彩图文；致力于还原历史真相，传播档案文化。她不仅以其鲜活灵动的风格，在档案类杂志中独树一帜，而且满足了广大人民群众对档案信息的知情权，填补了市场空白，因而获得了广泛的社会认可，尤其吸引了一批历史爱好者的目光。2010年，《档案春秋》喜获第四届华东地区优秀期刊奖，是上海地区惟一荣获此奖项的历史人文类期刊。

两年前，我们初次尝试与出版社合作，把杂志中的精品文章结集成书，于是就有了2009年1月诞生的《档案春秋·丛书》。丛书问世以来，获得了广大读者的青睐和市场的好评，使我们增强了编辑第二套丛书的信心，于是就有了与华文出版社的第二次合作。

本丛书精选自《档案春秋》2008年至2009年所刊文章。遴选标准一以贯之，即最能体现《档案春秋》集真实性、内幕性和可读性于一体的特征。文章作者的身份大致分为两类：一类是亲身经历某个历史事件的当事者或某个特殊家族的后人，他们打破多年的沉默，细数往事，澄清某段历史；第二类是专职的档案工作者或历史学者，他们在尘封的史料中勤奋爬梳，努力打捞和钩沉历史真相，并以新的视角给读者新的启发。文章均从中国近现代史中的某桩事件或某个人物的命运入手，文字或轻松幽默，或深沉内敛，或平实朴素，或情感充沛，但有一点是共通的，那就是以严谨的、非虚构的方式写作，维护历史的尊严，这样的书写自然具有冷静厚实的基调，透着悠远绵长的韵味。

近年来史学界有一个共识：尊重历史，以档案说话，还历史事件和历史人物本来面貌。随着中国社会政治开明度的日益提高，很多原来不能说、不让说、不可以说的话题，现在可以说了，比如抗日战争的正面战场问题、中共党史中的一些敏感话题等，尤其是近年来新中国部分外交档案的开放，堪称中国政治民主建设的一大标杆，具有非常重要的示范意义。本丛书中的一些文章就是依据近年来解密的外交档案和最新公开的名人档案撰写而成，对于还原重要历史事件和解读重要历史人物具有重要的史学研究价值。除此之外，还有相当一部分文章关注于文化、科技、艺术、经济、市民生活等领域，这些文章立足于修补和延续我们曾经断裂和破碎的记忆，发掘和品味历史中那些本真、生动而有意味的事实，更具有现场感，更为亲民化。

历史其实离我们并不遥远，也许可以说，我们至今还生活在过去时代的延长线上。正所谓读史明志。历史蕴涵着丰富的经验与真知，读史不仅是为了了解昨天，更重要的是把握今天，探寻未来。本丛书所选文章的另一个重要特征就是溯古及今。力争打通古今，把历史题材做出现代价值，将现代题材赋予历史深度，以史为鉴，指引未来。这也是《档案春秋》杂志追求的理想境界。

需要说明的是，《档案春秋》近两年所刊文章中尚有诸多美文也符合入选标准，限于篇幅，编辑经再三斟酌，只好对部分作品忍痛割爱，恳望作者见谅。

此书编辑、付梓、出版之时，我们伟大的祖国践行了承诺，向世界奉献了一届成功、精彩、难忘的世博会。为这届注定要载入史册的盛会留存一份完整、翔实、生动的档案记录，把一条真实完整的记忆链交给我们的后人，是档案人的历史使命。从世博筹备阶段开始，我们的档案工作者秉承对历史负责的态度，致力于世博档案的收集、整理、归档，并且要耕耘到上海世博会结束以后。在此，谨以这套丛书献给中国2010年上海世博会和为世博档案工作默默奉献的同仁们！

吴辰

（上海市档案局局长、上海市档案馆馆长）

目　录

十字路口的战争

庄智娟 / 文

2009年是上海解放60周年。之前曾看过不少关于上海解放的文章，有称“5月25日，苏州河南岸全部解放”，或称“5月27日凌晨，上海市区和吴淞口方向的枪声渐渐沉寂，上海全部解放了”。但在我的记忆中，并非如此。

在远离苏州河的地方，可能是25日已经解放。如袁雪芬先生的《求索人生艺术的真谛》一书中提到，24日晚上枪炮声不断，25日上午，她已经在弄堂口看到解放军和安民告示，并且通知先前已经组织好的宣传队到八仙桥电台播音……

靠近苏州河，情况不同。我家住的北京路，与苏州河南岸只隔了一条不宽的厦门路，虽说25日清晨，解放军已经兵临楼下，但此地并未真正解放。确切地说，国共两军在家门前进行了两个半白天和两个夜晚的对峙，其时，居民们被叮嘱待在屋子里，不要外出。由于流言的传播，甚至到27日上午，我们还全家逃难，经小路逃往已经真正解放的南市亲戚家。

1949年5月，我家居住在北京路的大众螺丝店楼上，从我家二楼的窗子，向西南能看到芝罘路上的行人。

上世纪40年代的北京路，似乎已经有五金一条街的雏形了。西邻是一家铜管铜材店，铜管店隔壁是位于北京路和浙江路拐角处的一家糕团店。东邻是一家油漆店，再往东有大名鼎鼎的胡庆余堂和万昇酱园等店。而今这些大店小店统统不复存在，从浙江路至福建路的北京路北侧，成了一统的京都科技城。我家的对面是森昌和源裕两家五金器材店，源裕店西侧是一条与牛庄路相通的弄堂。由于惧怕散兵游勇抢劫，那时上海的弄堂几乎都装了铁门或者木栅门。

住在通衢大道上，站在窗前，街景尽收眼底。平时北京路上车水马龙，熙来攘往，常见警察拿着车夫的座垫，刁难车夫，由着车夫在后面苦苦哀告；小乞丐们拦着挑夫，争抢剩饭剩菜……临近战时，则经常见到装载着头戴钢盔大兵的卡车隆隆而过，只是临到解放前数天，运兵的车没有了，大兵们只能步行。一天下午三四点左右，一支长长的队伍在北京路上行进。这些国民党兵衣衫肮脏，神情疲惫，队伍中还不时出现拉东西的羸马。他们向东走啊走，足足走了一个小时都还没走完，一位在我家作客的亲戚也因此被堵。他说，这些兵应该是往高桥方向去的。因为北京路向东是黄浦江，这中间没有能安置这么多军队的工事。到底这些队伍是撤退还是到高桥去增援的，没人知道，但看那垂头丧气的模样，估计是前者。队伍走了一个多小时，交通是整个瘫痪了。这时有一个少年，大概等得不耐烦了，就横穿队伍过马路，这下不得了，那些兵揪住了他暴打……我姐姐那时是六年级的学生，学校里颇有些教“手把着锄头锄野草……”、“山那边呀好地方……”一类进步歌曲的教师，因此小小年纪很有些正义感，正好写周记没有材料，于是就把这情节写进周记里，并且发表议论：“既然打老百姓有那么大本事，为什么还从前线败退下来……”她的国文兼级任老师在她的周记后写了评语：“这种题材的周记尽量不要写……”他怕我姐姐不好好看他写的评语，在课堂上故意留出时间，让每位同学仔细阅看他写的评语。我姐姐翻看时，他走到我姐姐的座位边，低下头，轻轻对她说：“等会儿回家把这几页周记撕下来……”

电影《战上海》中所描述的，国民党军为歼灭中共更多有生力量作战略后撤，国民政府因此而庆祝胜利的高音喇叭宣传车也曾在窗下缓驶而过，卡车上油头粉面的男人和浓妆艳抹的女人呼口号发传单，更是当年街头难忘的一景。

我上学的湖州旅沪小学在苏州河北岸的开封路上，每天必须四次往返于浙江路桥。白天，浙江路桥南北的桥堍上，装满黄沙的麻袋，垒起比人还高的四方工事，大兵们既可以荷枪实弹刺刀出鞘站在上面虎视眈眈地注视着行人，也可以躲在工事里往外打冷枪；入夜，带着令人毛骨悚然凄厉叫声的是警察抓人的飞行堡垒……我们学校隔壁的南洋女子中学被抓走好几位进步师生，我一位表姐正在此校求学，平时倾向进步，当我们把从老师那儿听到的消息告诉父母时，父母马上与舅舅家联系，知道那几天，舅舅舅母已经把表姐关在家里不准她出去，因此未遭毒手。

最紧张的几天，家里不让我们上学了，在郊区上海中学读书的哥哥也回来了。他说，那边的枪炮声远比市区响，学校只能提前放假。经历过八年沦陷的上海市民，都自觉地备战备荒。父母除了准备了上百斤的粮食煤球外，还花了一枚银元买了一百斤小黄鱼，盐腌了做成咸鱼干，用绳子穿着，东一串、西一串地晾着，屋子里弥漫着一股鱼腥味。

虽说战争可能马上降临，但不谙人事的孩子们照样下楼嬉戏，马路两侧店铺正常营业，除了装载大兵和军械的车辆时有驶过外，与平时相差无几，福建路口二层楼的大菜场供应也还丰盛。直至5月25日清晨，情况这才大变。一家人醒来，突然觉得窗外特别安静，推窗观看，家家店铺打烊，马路上没有来往行人，原来窗外已成了战场。我家楼下大众螺丝店的店主姓周，他和伙计住在对过弄堂里。我们起床不久，他和店里伙计跑过来察看铺面和探望我们。从他的口中，我们知道战争已经确确实实降临了，而且两军正对峙在十字路口的北京路和浙江路上。北京路是解放军占领，毗邻的浙江路是国民党军队盘踞着。北京路上偶而有人从弄堂里出来，解放军就劝他们退回去，免遭流弹伤害；周老板家弄堂木栅门后，一开始挤满看热闹的人群，后来一个流弹远远飞过，栅栏门后的人顿时逃逸至弄内；而浙江路上出现人影，不管是百姓还是军人，国民党兵就开枪射击。周老板是先往东走一段路，远离浙江路后再穿过马路的，这样比较安全。据周老板说，除我们这儿外，南北方向包括福建路四川路河南路都是国民党军占领（桥头都有工事）。周老板走后，母亲用裹了被子的木板挡窗，全家退居后面的厨房和三楼卧室。哥哥们好奇，有时会到前屋拉开被角观看，母亲马上会把他们吆喝回来。

解放军进入市区，行进在南京路上

时间一分一秒地过去，除了偶尔的枪声外，安安静静的，没有激战或巷战的迹象。好在家中有粮有煤，水电未停，全家照常举炊吃饭，也不觉得有什么不便。前一天父亲因事滞留闸北未归，从闸北到北京路必须经过苏州河，他无法回家，打电话回来问情况。恰好姨父母作客留宿我家，父亲特别请姨父接电话，拜托他照料。电影《战上海》中出现国共占领区的双方，在战时还可以互通电话，有人置疑，但我知道这是事实。

屋外是战场，屋内的人照样吃饭睡觉，第一天对峙就这么过去了。第二天，家人的胆子大了，哥哥们拉开被角往外瞧的次数多了，我有时乘大人不备，也揭开被角偷偷地看一眼。一次，哥哥看时突然发出“啊呀”的声音，问他看见了什么，他也不答。后来他才回过头来说，他看到从芝罘路上出来个解放军，可能要穿过浙江路到北京路上来，敌人一颗子弹击中了他，他倒在芝罘路和北京路间、浙江路西侧一家饭店门口。不一会，芝罘路上又跑出一位解放军，把倒下的战士背在身上，左闪一下，右闪一下，躲着敌人的子弹跑回芝罘路了。中弹的解放军是牺牲了抑或只是负伤，无从知道。后来我每逢路过这里，就会想起那位战士。那家饭店一度成了几家小铺子，白云苍狗，几度春秋，现在生活在这里的人是不会知道，当年有一位解放军战士曾血溅门前。

第二天近中午时分，只听得楼下有敲门声。一幢房子只住着我们一家，大哥十六七岁，正是抓壮丁的年龄段，母亲叫他躲到三楼，她自己壮着胆子和姨父下楼开门。门外是解放军，他们敲门是要水喝。母亲上楼拿水瓶，我跟着下楼，在楼梯半腰处偷看，见他们边喝水边吃自带的干粮，边回答姨父的问话，最终又灌了些水走了。临走他们叮嘱道，千万别出去，待在家里不会有危险的。听了解放军同志的话，家人也就安心了，小孩子憋在家里很难受，为了免得我们淘气，大人们炸起油饼，尽管咫尺之外是战场，全家人在屋子里还是吃得很香甜。

本来是可以这样安安稳稳坐等解放的，不知怎么的，第三天清早，从隔壁漆店的天井传来消息，说是泥城桥（今西藏路桥）那边着火了，不一会又传说大火已经烧到厦门路。因为在泥城桥旁边有两个大的煤气储气包，大家猜测可能是气包着火，所以火势蔓延如此之快。按此速度，不用一个小时，北京路也将成为火海。对门的周老板又过来问，要不要到他们那里去避一避，然后逃往安全区。通过电话知道姨父母住的南市已经解放，为了避免全家葬身火海，决定弃家出逃。先穿过马路，到对面弄堂的周家歇脚，然后雇车逃往南市。周老板很热心，费了好大劲，帮我们以一块银元一辆雇了两辆黄鱼车，全家加上姨父母大大小小十来口人带着些细软挤在两辆黄鱼车上仓促逃难。当时小弟弟因为断奶正和他的乳母隔离，此时也顾不得了，依旧由乳母抱着他坐车。

踏黄鱼车的人对道路很熟，先朝南穿出弄堂至牛庄路，再从牛庄路穿至宁波路、天津路、南京路……好在上海的弄堂很多都是两头通行的。平时熙熙攘攘的北京路、南京路，这时家家商店排门紧闭，除了偶尔见一两个解放军走动外，马路上寂静无声。一个小时后，我们到了解放区——大东门巡道街的姨父母家。邻居们见我们逃难而来，都来向我们打听消息，听我们讲述逃难经过。我们也问他们是怎么解放的？回答很简单，国民党兵跑了，解放军来了，就这样兵不血刃地解放了。见我们人多，邻居们邀请我们晚上去挤着住，母亲和姨母酝酿如何分睡，主客双方都作着持久战的准备。母亲虽然也忧虑房屋的安危，但到底全家已经逃出来，因此尽量在孩子们面前保持镇定。倒是弟弟的乳母，因为担心近一年多的血汗添置的衣物将会被付之一炬，在暗暗垂泪。午饭后，姨父和两个哥哥决定沿原路回去看看仗打得怎么样了，房子到底烧了没有。过了一个多小时，他们兴高采烈地回来了，说是我们家住的北京路也解放了，房子好好的，什么西藏路厦门路着火，根本没有那回事。哥哥还捡了个子弹壳当宝贝似的炫耀。全家的高兴自不待言，于是雇了五六辆三轮车，欢天喜地浩浩荡荡地回家了。这次走的全是大路，沿途的商店卸下了门板或半开着门，路上拥挤着笑逐颜开的人群和敲锣打鼓的游行队伍，跟我们上午出逃时凄清状况大不相同。回到家里，屋子里什么变化也没有，鱼干还一串串的到处挂着，熟悉的咸腥味扑鼻而来。

解放上海的战争就这样结束了，没有市民担心的恶战巷战，没有颓垣断壁，更没有孤儿寡母。28 日，市面又恢复如初，我和姐姐背着书包一起上学。浙江路桥桥堍上，杀气腾腾的大兵没有了，空留下构建工事的沙包，昭示这里刚刚经历过一场战争……

我一直以为麻袋里装的是黄沙，近日为写本文与兄姐谈起，他们说，那时哪来那么多黄沙，麻袋里装的是从附近四行仓库里搬来的黄豆和大米，由于露天放置日久，大米发黑霉变，掉在地下的黄豆有的都开始冒芽。

在学校里，老师同学见面彼此谈论那几天的境遇，因为战争结束了，个个兴高采烈。对小学生的我们来说，战争仿佛是放了几天长假，接下来上课交作业还是照旧，只是我们这个学校的校董是陈果夫陈立夫的叔叔陈蔼士，每周一的周会课上，不再有校长教导主任之类的大讲礼义廉耻和三民主义了……

上海是 5 月 27 日（农历四月三十）解放的，有形的战争结束了，无形的战争随之而来。不久，上海传出了什么“蒋委员长八月中秋回来吃月饼”的谣言。由于舟山迟至 1950 年 5 月才解放，因此之前又传出蒋委员长的“解放舟山，奉送台湾”之类的海口。多年来国民党宣传的“共产党共产共妻”之类的污蔑毕竟还有一定的蛊惑力，政权更迭对北京路上的小老板究竟是利是弊还是未知数，因此小老板们对流言的传播一度还是比较热衷……

几个月后，敌机轰炸上海，上海激战三昼夜都未曾断的民用电，此时却断了，全家过了一两个点蜡烛的夜晚……

《战上海》结束，续集保卫上海的《霓虹灯下的哨兵》开始了……

一封“中央来信”改写了我的人生

——记篆刻家刘友石

祁谷／文、图

“林泰之印”

《档案春秋》2007年第九期曾刊登过《我为宋庆龄保管五万元人民币》一文，文中有一处细节说到，当时如果要取用这些钱，必须凭宋庆龄的手信及盖上宋庆龄化名“林泰”的私人印章方可。这方“林泰之印”印章的篆刻者，就是本文主人公，沪上著名篆刻家刘友石。不过当年刘友石篆刻这方印章时，并不知道“林泰”就是宋庆龄。作为“集云阁”的高级工艺师、篆刻家，他是接到组织交办的任务，篆刻这方印章的。受命篆刻在刘友石早已不是第一次了（如1972年，他就曾受命为当时的日本首相田中角荣篆刻印章）。知道“林泰”即宋庆龄，说起来还有一段故事。刘友石回忆道，“林泰之印”篆刻于1979年，篆刻任务完成后，

刘友石

他就把这事忘一边了。1981 年 5 月宋庆龄逝世后，有关方面编辑出版了一本《宋庆龄藏印》。一天，刘友石偶然在该书第 24 页上看到了一枚朱文“林泰之印”的印章，不由一愣，这不分明是自己篆刻的印章吗，它怎么收进了《宋庆龄藏印》一书？为了进一步确认，他马上拿出自己留存的《篆刻档案谱》，查到这方印章。经确认无误后，刘友石终于恍然大悟：原来“林泰”就是宋庆龄名誉主席！

刘友石原来在上海家具厂任会计，那么，他是如何由一名会计，成为沪上著名篆刻家，并多次受命为国家领导人和外国元首篆刻印章的呢？对此，刘友石用这样一句话作了概括：是一封“中央来信”改写了我的人生。

我一时不解：一封“中央来信”是怎么回事？这封“中央来信”的背后究竟有着什么故事，竟就此改写了刘友石的人生？

原来早在四十多年前，他这个业余篆刻爱好者即利用工余时间，精心篆刻了毛主席当时公开发表的数十首诗词印谱，然后寄赠给毛主席（后来毛泽东又陆续发表了一些诗词，刘友石又全部予以篆刻并将印谱寄给毛主席）。数十年过去，上世纪末，中央有关部门在整理毛泽东书房中的遗物时，发现了刘友石当年寄给毛主席的全部 39 首诗词印谱。经专家鉴定，觉得这些篆刻很精美，极具艺术欣赏价值；从布局和用刀看得出，作者有着相当功力，这些印谱值得出版。

正是由于出现这样的“序曲”，我在新千年前后，于不经意间开始走近了沪上书法家、篆刻家刘友石。

寻找印谱作者

那是新千年到来前夕的秋天，我突然接到一个电话，电话是远在北京的中国档案出版社周社长打来的（此前我曾前往北京采访《毛泽东评点二十四史》的整理出版经过，由此认识了周社长）。周社长在电话中说，中国档案出版社决定出版刘友石篆刻的毛泽东 39 首诗词篆刻印谱，现在必须找到印谱作者，因为印谱作者拥有知识产权，所以只有得到印谱作者（或其家属）书面同意方可出版，但时隔 40 多年，为此，周社长希望我能帮他们尽快找到刘友石或其家属，以让这些精美的印谱能早日和广大读者见面。电话中，周社长向我提供了一个有关印谱作者的信息：刘友石将第一批作品寄赠毛主席的时间是 1964 年，寄出的信封上印有“上海家具厂”的字样，邮戳也表明寄自上海。据此判断，印谱作者刘友石应该是上海人，或者当时曾经在上海工作，而且极有可能就在家具行业。

这就是当时我电话受托的全过程。

出乎我意料的是，寻找刘友石的过程，并没有出现我预想中可能会遭遇的曲折。我先是将电话拨向沪上一家家家具厂，打听一位曾经创作过毛泽东诗词篆刻印谱，并寄赠毛泽东的名叫刘友石的人，我猜测这个名叫刘友石的人在单位里一定不乏知名度。

果然，后来我终于在拨向又一家家具厂的电话中，遇到一位知道刘友石其人的老同志，这位老同志在电话中告诉我，刘友石的确是位书法家、篆刻家，但他早在“文革”前就已调出了他们厂，只听说是“归队”，至于具体究竟“归”到了哪里，他就不清楚了。

“归队?”这话一下子给了我启发：刘友石既是书法家、篆刻家，莫不就此“归”到了这一方队?这样一想，我就把寻找刘友石的范围缩小了许多，我首先将目光锁定在了刻字厂。

这次很顺利，电话打过去，对方人事科干部听我在电话中讲清事情原委后，马上告诉我，刘友石曾是他们厂的高级工艺师，如今早退休了。后来我才知道，刘友石出生于1929年，当时已年过70，退休多年了。

当然，刘友石退休并不影响我找他。第二天晚上，我终于和刘友石通上了电话。

时隔多年，我至今仍能清晰地回忆起，那天刘友石在电话中听到我寻找他的原因和前后经过时，他在电话那端流露出的难以抑制的兴奋和激动。当时他在电话中听我讲明了找他的情由和经过后，他在电话中一连说了三遍：太意外了，太意外了，太意外了!

就因为他的这一激动，我顿时萌生了想采访他的念头。这时候我突然想到，在“文革”中掀起的疯狂的个人崇拜热潮中，被“红色风暴”席卷裹挟的中国大地上怀着各种各样心理篆刻毛泽东诗词印谱的一定不乏其人，但像刘友石这样，于1964年“文革”爆发前，即想到篆刻毛泽东诗词印谱，并寄赠给老人家的，肯定不多，所以我很想听刘友石讲述，他当时是怎么想到篆刻毛泽东诗词印谱，并寄赠给老人家的故事。

“中央来信”

几天以后，在当时毗邻南京西路的上海著名的花鸟市场一条街——江阴路一幢老式陈旧的居民楼楼顶阁里，我见到了刘友石先生。

刘先生中等身材，有些谢顶，一眼看去精神矍铄。当我知道退休后的他经常往返于上海及常州老家两地，仍孜孜于书法篆刻，兼顾一些地方和社区文化事业时，我想这也许正是他的养生之道吧。

刘友石说，他早年曾在家乡常州读过几年私塾，他的叔父刘公伯是位金石篆刻家，也许是从小耳濡目染受到的熏陶，15 岁那年，他迷上了篆刻，后来就跟着叔父学起了金石篆刻，这点家学渊源可说是他得天独厚的地方。再后来，他就随叔父来到了上海。

刘友石说，我能有今天，当然跟叔叔有关，但关系更大的还是一封"中央来信"；是那封"中央来信"，改写了我的人生，要不，很有可能我会在家具厂当一辈子会计，直到退休。刘友石关于"中央来信"的话匣子，就这样打了开来。

后来，刘友石拿出了一个大信封，从中小心翼翼地取出了一份东西，一望而知，这就是他精心珍藏的那封中共中央办公厅秘书室寄给他的信函。

信函打开了，只见上面打印着如下几行字：

刘友石同志：

八月十二日寄给毛主席的信和你刻成的"毛主席诗词印谱"一本都收到了，谢谢你的盛意。

原信和诗词印谱，我们已送毛主席阅。

此复，并致

敬礼。

中共中央办公厅秘书室

一九六四年八月廿五日（章）

看罢信，刘友石又小心翼翼地将"中央来信"珍藏起来。刘友石说，他珍视这封信，有如当年珍视毛主席的诗词。我想我能理解刘友石，正如歌唱家用歌声、画家用画笔、作家用美文表达各自的挚爱情怀一样，刘友石也找到了他表达这种情感的最佳方式，那就是篆刻。不过，此时此刻，我更想了解的是，这封"中央来信"，究竟怎么"改写了"他的"人生"？

爆炸性新闻

刘友石在上海迎来了解放。此后他进夜校读了三年会计专业。1954 年毕业后，刘友石走上了工作岗位，只是他跨进的不是机器轰鸣的工厂，而是坐落在闸北区的一家小规模家具合作社。不久，这家家具合作社归并给了上海家具厂，刘友石任厂里的会计。工作之余，书法、篆刻仍是他最大的业余爱好，有空便写，得暇就刻。

刘友石的创作高峰出现在 1961 年。这年 4 月 9 日，"上海书法篆刻研究会"在上海成立，消息在解放日报发表后，刘友石顿时技痒了。他擅长书法、篆刻，当时可供选择的宣传内容除了宣传工农兵和革命警句外，另一侧重点便是毛主席语录和毛主席诗词。刘友石很喜欢毛主席诗词的革命豪情和磅礴大气，他想，何不用篆刻来表达自己对毛主席诗词的热爱呢！

这以后，除了上班，业余时间刘友石都扑在了创作篆刻毛主席诗词印谱上了，这年他33岁。当时他每篆刻完成一首毛主席诗词印谱（通常有数十方印章），就将它们交给上海闸北区文化馆和市工人文化宫，他的作品总是在那些地方先期展出。作品每次展出，都得到广大观众的赞赏和专家与同行们的肯定，这使刘友石深受鼓舞和激励。这样大约花了三年多时间，他完成了十首毛主席诗词印谱。

终于有一天，刘友石萌生了将这些作品寄赠给毛主席的念头。由于他不敢肯定毛主席一定能收到这些作品，所以当时没敢声张，只是仔细地将这些印谱装订成册，然后在大信封上恭恭敬敬写上：“北京毛主席收”。然后用航空寄了出去。

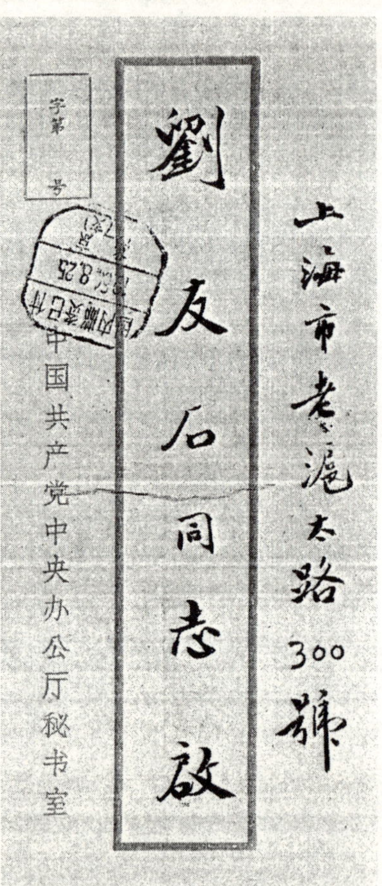

中共中央办公厅秘书室
寄给刘友石的信函

说起来真有点不可思议，一方面，对寄出的作品能否送达毛主席手中，并不抱多大希望；另一方面，却又急切期盼着会出现奇迹。刘友石说，整整一个多星期，他心中一直感到忐忑不安，有焦虑的等待，也有莫名的激动。

那是两星期后的一天早晨，刘友石一踏进厂门，就有工友通知他，请他马上去厂长室，说厂长正在找他，好像有什么急事。

刘友石想，厂长找我有什么事，居然这么急？

走进厂长室，只见厂长室里已经围了不少人，一见刘友石进来，厂长笑吟吟地指着桌上一封信对刘友石说，小刘，中央办公厅给你寄来了一封信！

刘友石一看信封，只见上面赫然写着“刘友石同志收”，落款处印着：“中共中央办公厅秘书室”。刘友石顿时激动无比，一把抓过来，迫不及待地当着大伙的面拆开了这封我们在前文已经引录的“中央来信”。

这封写着“刘友石同志收”的“中央来信”，很快就成了一封给全厂职工的公开信。厂长笑逐颜开地拍着刘友石的肩膀说，小刘，想不到你不声不响干了件大事情呀，这不是你一个人的光荣，而是我们全厂的荣耀！

厂长说得没错，在1964年，一个普通职工给毛主席寄物，能收到"中央来信"（中共中央办公厅秘书室的回信），确实是一个天大的荣耀，它在上海家具厂成为一个"爆炸性新闻"，完全在情理之中。

很快，这一"爆炸性新闻"传到了上海家具厂的上级部门——上海市手工业局，而且立刻引起了一个人的注意。这个人就是当时的上海市手工业局局长、著名书法家、篆刻家胡铁生。胡局长想到，当时长江刻字厂由原先的合作社归并时间不长，正需要技师，像刘友石这样有才华的青年篆刻家，应该让他"专业归队"。

半个月过去，在胡局长的关心下，刘友石终于由一名上海家具厂的会计，成为长江刻字厂所属"集云阁"的篆刻工艺师。

迟到的收获

那天在电话中，周社长说，中国档案出版社决定出版刘友石篆刻的《毛泽东诗词印谱》，主要出于三方面考虑，一是这些作品出自一个当时年仅33岁的中国普通职工之手；其次，这是毛泽东公开发表的所有39首诗词的篆刻印谱；最后，也是最主要的，这些篆刻印谱不仅篆文传神，而且还根据毛主席诗词的意境配刻上了形神兼备、极具艺术性的图案，比如在"喜看稻菽千重浪，遍地英雄下夕烟"诗句印谱上，配刻着一群肩扛农具的农民，正兴冲冲走在一望无际、稻浪翻滚的田野上；为"百万雄师过大江"配上的，是千帆竞发、人民解放军挥师前进如卷席的壮观画面；为"吴刚捧出桂花酒"的诗句，则写意般地配上一具盛酒的器皿和装着水果的篮子；为"桃花源里可耕田"配上的，更是一片具有写实主义神韵的五谷丰登的丰收场景……这些篆刻作品，分明也是一件件极具欣赏价值的艺术品。

"文革"中，曾经有人警告刘友石，篆刻属于"四旧"，应该"横扫"。但刘友石反唇相讥，"样板戏"宣传画上都有篆刻，何况毛主席诗词是毛泽东文艺思想的一部分，我利用篆刻这一形式宣传毛泽东文艺思想，难道错了吗？

这下没有人敢再干涉刘友石篆刻毛主席诗词了。

1967年，刘友石终于完成了当时毛主席已公开发表的所有诗词。是年，他得到在上海南京西路上的工艺美术品商店的支持，成功地举办了"毛泽东诗词篆刻展"。在只有一天的展期中，参观者摩肩接踵，络绎不绝，边观展边赞不绝口。有此"二绝"，刘友石信心大振，他决定将后来篆刻的27首毛主席诗词印谱继续寄给毛主席。当时正值"文革"期间，刘友石便先将这些作品送交上级领导审核。

这部分作品终于于1968年再次用航空寄出。

作品寄出以后，刘友石内心充满了期待。曾经有过的喜获"好消息"的激动心情，似乎又被唤醒了，他想这样的时刻肯定还会来的。他开始了新的企盼，企盼着又能收到一封“中共中央办公厅秘书处”来函，告诉他，他的作品已转交毛主席了。

然而，新的企盼就像一只断了线的风筝，放飞以后，从此失去了踪影！讲到这里，刘友石不由感慨系之地看着我说，我无论如何也不会想到，这“好消息”居然会在时隔三十多年后的今天，由你捎给我！

我顿时明白了，那天晚上，当我和他第一次通电话时，他为什么会那样激动了。

刘友石篆刻作品

“文革”期间，刘友石企盼着的“好消息”没有等到，但“找”他的好消息却似乎一直没有间断，尤其是“文革”后期，中国对外交往开始增加，无论是国家领导人出国，还是外国元首来访，篆刻作品作为一份国礼，常常会捧在外国领导者手上，这些作品，有的就出自刘友石之手。它们中除了前述给日本前首相田中角荣篆刻的鸡血石印章外；还有给前美国总统里根篆刻的印章……其中里根收到刘友石的篆刻印章后，还将自己的签名照回赠刘友石，以示谢意。曾有识者道出，篆刻被政府指定为国礼的制作者，受托为政要人物、元首刻印，论时间之早，数量之多，影响之广，刘友石堪称其中的“重量级”人物。诚然，为领导人治印，决不说明其技艺超群，但有此殊荣者寥若晨星，却是不争的事实。

刘友石敬赠毛主席的《毛泽东诗词印谱》于2001年岁尾出版（出版时书名题为《毛泽东珍藏自作诗词印谱》）。尽管刘友石此前已经出版了多种篆刻集（如1984年出版《黄山七十二峰印谱》、1987年他出访日本交流时，由日本篆刻名家梅舒适题写书名的该印谱又在日本出版、1991年出版《唐诗印谱》等），但他最看重的还是这本《毛泽东珍藏自作诗词印谱》。刘友石说，它们虽然是我青年时代的作品，却是我晚年最看重的作品。它的意义不一般。

故事外的故事

写到这里，本来关于刘友石和他创作的《毛泽东诗词印谱》的故事应该划上句号了。不料故事之外竟然又生出了故事。

且说时间转眼到了2005年。此时刘友石的家已经从江阴路搬到了大华新村。我曾应邀去过他的新居。那是一个复式房，里面有他的书法篆刻作品陈列室，还有宽敞的工作室。就在我去他新居回来后不久的一天晚上，刘友石事先没有打电话，突然闯来我家，而且看他脸色还很生气。我见状大吃一惊，连忙问他，发生了什么事？

不等坐定，刘友石就从随身带着的包里拿出一函装帧漂亮的线装书。我一看，原来是一函两本装的印制精美的《毛泽东诗词手迹、印谱精选》。其中印谱卷的内容，和刘友石已出版的那本《毛泽东珍藏自作诗词印谱》一模一样。我看清此书版权页上标明，该书出版于2001年12月，便问刘友石，这套书出版您知道吗？收到过样书吗？

刘友石气呼呼地连连摇头，他说这书还是他的朋友发现后，特地借来让他过目的。

这下我恍然明白刘友石为什么会生这么大的气了。原来出版社在出版简装本《毛泽东珍藏自作诗词印谱》的同时，在刘友石完全不知情的情况下，还“捎带”出版了这套精美的线装本！他为此很想不通，于是来找我，问我该怎么办。

我说出版社这样做肯定是欠妥的，你应该给他们写封信，以维护你的权益。如写信没有结果，也可以通过法律途径解决。

半个多月后，刘友石又一次成为我家的不速之客。我注意到这次他脸上漾着笑容，很是阳光。不等坐下，他就迫不及待地从包里拿出一套我上次业已见过的一函两本装的《毛泽东诗词手迹、印谱精选》线装书。刘友石告诉我，出版社收到他的信后，给他回了信，对他们工作的“失误”作了解释，并向他表示歉意；同时给他寄上了几套迟赠的样书。

尽管没有拿到一分钱，但收到这几套精美的样书，淡泊名利的刘友石表示于愿足矣。

是呵，这是一份迟到的收获。但对刘友石来说，惟其“迟到”，才更加珍惜，因为这里面凝结着他在坎坷岁月中经历过的太多磨难，以及对希望的憧憬和向往。

进军墨脱

杨安华 / 文

这两张戎装照记录了半个世纪前我在雅鲁藏布大峡谷地区经历的一段往事。

1962 年 5 月，我们中国人民解放军 158 团奉命向西藏墨脱进军。墨脱地处西藏东南部，雅鲁藏布江下游，喜马拉雅山—岗日嘎布山脉的南部，是雅鲁藏布江流经我国境内的最后一个县。

6 月 5 日，经过一月的整训，我们高举红旗，肩负着保卫祖国，巩固边防的光荣使命，冒雨横渡雅鲁藏布江，踏上进军墨脱的征途。

当天午夜 2 时，上级发来紧急电令：情况紧急，你部应急速编成一个精干分队，务必于 8 日前进驻地东……

情况变化，团党委立即开会研究、决定派出先遣分队，我被挑选参加。

6 日拂晓，我们先遣队人员身背 60 斤的

1962 年春进墨脱前作者的新兵照

行装，戴上防雪盲镜，打上绑腿，向雪山挺进。

山势陡峭，积雪锁路，雪粒不断地扑打在脸上，感觉针扎般的疼。眉梢、风镜上结了冰霜；两腿冻得像冰棍。越往山上走，积雪越深，空气越稀薄，口和鼻像两只风箱直喘气，每前进一步，都要付出很大力气。我们互相搀扶，前拉后推，踏雪开路。

翻过多雄拉雪山，风仍在刮，雪仍在飘，我们一路爬冰卧雪，衣服、绑腿、背包被雨淋湿了，越背越沉，下午7点多钟才赶到汗密宿营。

7日清晨，我们背上湿背包又出发了。走出荆棘丛生的沼泽地，绕进另一条狭谷，山势更加险峻，仰望不见山顶，俯视万丈深渊。工布拉山像鼻梁一样的陡，山上乱石嵯峨，凿在崖壁上的猴子路，以往有一条铁链横跨山间，人们可以拉着爬过去。现在，铁链被逃窜的叛匪毁了。我们只好冒着生命危险，躬着腰爬行。前面人的脚踩在后面人的肩上，反搭人梯上，稍不注意，就有掉下深渊的危险。这段50多米的绝壁，从上午11时开始，到下午4时，50多人才过完。行军途中，林田德副指导员打着呱哒板给大家鼓气："同志们！抬头看，工布拉山快翻完，加把劲，莫迟缓，过山宿营好吃饭！"大家强忍饥饿、疲劳，一鼓作气爬到山顶。

丛林密布的工布拉，藤条竹枝交织，我们挥刀砍伐，披荆斩棘前进。刚进到蚂蝗区天已黑了。草上、树叶上、路上到处都是蚂蝗。我们身上被蚂蝗咬处伤口流血不止，轻则红肿，重则溃烂。行军两天来，我们都是在阴雨中渡过，一身的泥和水，衣服被磨烂了，手和脸被蚂蝗咬得鲜血淋漓。借着电筒的光亮，鲁之东团长看到我们疲惫已极，疼爱地说："同志们辛苦了！大家累了吧？"我们说："团长这么大年纪，你没有说累，我们年轻人更不累。"团长说："不累是假的，但我们都是为解放墨脱人民而吃苦，再苦再累也值得。"

1975年夏作者在墨脱边防三营任副政治教导员时的照片

8日下午到阿尼河，汹涌急湍的河水挡住了我们的去路。给部队当向导的门巴族干部古阳找到一根溜索，大家解下绑腿，拴住古阳的腰首先试溜获得成功。接着将伐来的青藤从溜索拉过对岸，再伐来两根大树，搭起能过人的便桥。过桥后，鲁团长在易工白山下再次动员："为抢在敌人前头，轻装前进，翻上易工白就是胜利!"我们以吃大苦耐大劳的精神和坚忍不拔的毅力，战胜极度的疲劳，和敌人抢时间争速度，过险道，穿森林、跨深涧、涉急流，五天的路三天赶到，粉碎了敌人企图侵占我白马岗（进军前墨脱叫白马岗）的阴谋。

当时，因叛匪欺骗宣传和造谣，群众情绪不够稳定，我们除留一部分人修筑工事，加强防务和社情调查外，以主要力量稳定群众情绪，宣传党的民族政策，对上层人士和群众进行爱国主义教育。该地由于遭受叛匪抢劫，群众生活困难。为了帮助群众恢复发展生产，团首长和门巴族干部组织群众找水源，修水渠。仅半个月，出劳动日300多个，背水200多筒，治病80多人次。门巴人信"鬼"，他们说："包谷一黄，摆子上床。"群众家里有了病人，门口插根树枝，生人不得入内，以防把鬼带进家去。村里嘎马旺秋的独生儿子患疟疾，已奄奄一息，征得家长同意，由陈国宁医生给他打针喂药，精心护理，把病治好。之后，又治好丹真的肺水肿，抢救中暑的来古多吉。从此，他们相信医生了。在访贫问苦中，我们得知明珠一家被诬蔑为"鬼"，被撵到远离村子江边的草棚里。鲁团长把他一家接进村来，给他衣服、盐巴，并帮助盖了住房，使他深受感动。我们登门拜访村里德高望重的朱巴老人和波波，同他们交朋友，通过他们去向群众宣传、教育群众、逐渐使群众安定下来。

8月，正值雨季，洪水猛涨，道路塌方，桥梁被水冲垮，后方粮食运不上来，带的粮食也快吃完了。眼下青黄不接，群众收成只够吃半年。我们只好每天煮两稀一干，每班抽一人挖野菜、芭焦头、竹叶菜、野荞子等来熬稀粥。群众看到我们宁愿喝稀粥，也不借一粒粮，不拿一瓜一菜，秋毫无犯，很受感动，纷纷送来粮食，还腾出房子让我们住，让出地来给我们种。部队为了站住脚跟，在构筑工事，修建简易营房，从事生产劳动的同时，动员干部战士背运粮食，广大群众也积极参加。村民明珠的大女儿白马地旦每次都要求参加为部队背运粮食。她说："多背1斤粮，就能多给解放军减轻一分负担。"丹真患病行动不便，就劝老伴积极参加。他说："解放军为我们办了这么多的好事，我们也应该支持金珠玛米（门巴语，意为解放军）。"靠人民群众的支援，我们不仅渡过了难关，而且在地东边防站修建了营房，建设了阵地，巩固了边防。

墨脱人民翻身作了主人，并迎来了第一个丰收年。他们无不感谢共产党，感激金珠玛米。他们捧出新谷酿的美酒，载歌载舞尽情欢唱：

共产党啊红太阳，
照在门巴村，暖在门巴心房。
朝出夕落的太阳，哪能比得上共产党。
不落的太阳就是共产党，愿你长久挂天上，永远发热放红光。

解放军呀明月亮，

赶走魔鬼驱黑暗，门巴翻身喜洋洋。

月亮光辉有时暗，哪能相比解放军。

愿你长久挂天上、永远明亮放祥光……

歌声唱出了门巴人民热爱党和人民军队的深情。

这段难忘的往事，让我用奥斯特洛夫斯基的话来结尾吧。他说：“人最宝贵的东西是生命，这生命人只能得到一次。人的一生应当这样度过，当他回忆往事的时候，不因虚度年华而悔痛，也不因为碌碌无为而羞愧。在临死的时候，他能够说，我的整个生命和精力，都已献给世界上最壮丽的事业—为人类的解放而奋斗！”

一张边境居民证

孙建成／文

1970年4月20日，我离开上海，去黑龙江省嘉荫县插队。那个地方与前苏联隔江相望，属于边境地区，每人有一份边境居民证。那些年中苏关系紧张，水路和陆路都有检查站，以防“苏修”特务混入，进出边境地区的人都需出示这个证件。临时去那里的人要到相关部门办理临时证件。此证件管理严格，每年年检，隔几年还要换证。有的上海青年回沪探亲，回去时忘了带上边境居民证，那就麻烦大了，需要在车站就地补证，有时一耽搁就是几天。

这是部分插兄回沪探亲时的合影（后排左二为作者）

从上海乘火车转汽车进入位于黑龙江边上我插队的嘉荫县沪嘉农场，有水路和陆路可走。如果走水路，要到县城转。县城离火车站还有几百里地，到了县城还要乘一天的船，再走上半天，才能到目的地。所以我们选择了一条近路——走小兴安岭的森林公路，在乌伊岭火车站下火车，再在那里搭汽车，大约半天时间到卫东林场。这个林场属伊春林业局管，与嘉荫县不是同一行政区，虽然与我插队的地方相距只有十八里地，却没有道路相通。双方联系甚少，用一句老话说："老死不相往来"，也不为过。但从这里穿过沼泽、灌木和疏树相间的荒山野林，半天时间便可以到家了。

森林公路中途有一边境检查站，好像叫河口检查站吧？虽然很少有人走这条陆路，公路到卫东林场便终止了，再翻山越岭走几十里山路，才能到江边，陌生人走这条道简直是给自己添麻烦。但毕竟是一条通道，设一个关卡是必需的。这里山高水窄，只此一条通道，扼守很是方便。从乌伊岭来，两山夹峙一条公路，两边山高林密；往边境方向去，一条道两边陡崖贴着深涧，上天入地都是难。要想翻山越岭绕过检查站，一般常人是很难办到的。而检查站地处河谷，视野广阔，人在那里一站，四面八方尽收眼底。

检查站专门检查经这里去黑龙江边境的人员，主要是看有没有边境居民证。当年，我们知青过这个检查站时，心情还是很激动的，有一种自豪感。到边境去，本身是一种特殊的待遇。经过检查站以后，仿佛就有了临战的气氛……我们下乡的那一年中苏边境刚刚发生过珍宝岛事件，正是紧张关口，边境的概念在强化，后来便逐年减弱了，我经过这里多次，很少遇上正儿八经的检查。那些检查人员，一般上车扫视一遍，抽几个人看看，便将人车放行了。估计一旦形势紧张，或者上面有通知，他们还是会仔细检查的。

不过，我之所以觉得这个检查站是必需的，还是出于旅途安全的考虑，设想如果没有国家出钱在这里设一个点，途中路过的人和车万一出点问题，连一个求援、歇脚的地方都没有，茫茫大山里这是很可怕的。

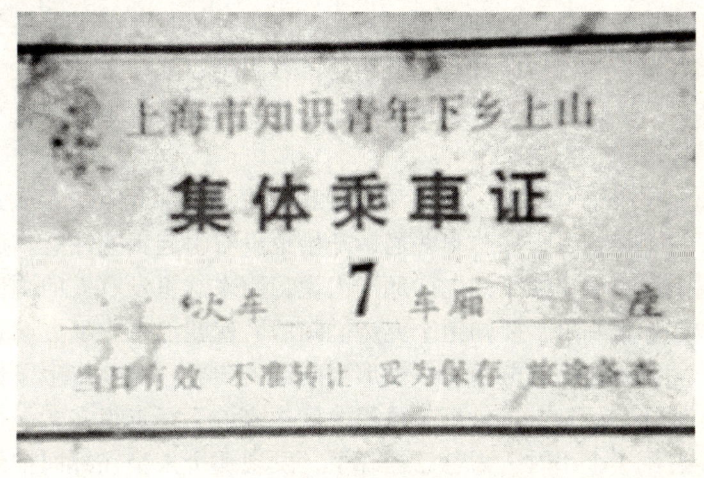
上海市知识青年下乡上山

集体乘車证

次车 7 车厢 座

当日有效 不准转让 妥为保存 旅途备查

1970 年 4 月 20 日赴黑龙江的火车票

真正领略黑龙江边境之美丽，是在我去富饶公社的信用社学习的时候。那几天里，我独自一人住在紧邻黑龙江边的信用社里。这是一幢有着俄罗斯风格的老房子，青砖砌成的墙壁，木制的大窗户，窗户外面的防护板表面墨黑得如焦炭，屋檐的挡雨板雕着镂空的花饰，廊沿下还有窄窄的走廊……许多年后，看书读到俄罗斯没落贵族的住所，我的脑海里就会浮现出那幢房子。

这里白天是信用社对外办事的窗口，晚上就是我的宿舍。由于是金融重地，又与“苏修”一江之隔，信用社特地给我发了一支驳壳枪—很陈旧的样式，估计还是抗联时期留下来的，枪身的烤漆早已看不出来，木制的枪把也磨出了木头的本色。和枪一起，还有三发子弹。由于没有持枪证，那枪只能在信用社这个范围内使用。我把枪放在睡觉的枕头下，晚上睡不着的时候，拿出来把玩，把子弹装进去，又退出来，举着枪在房间里四处瞄瞄。不过，很快就玩厌了，驳壳枪压在枕下再也不去动它。

尽管表面上看不出边境的紧张气氛，但在我在那里七八年的时间里，还是发生过几次大事件。其中印象比较深刻的有两次。

一次是有一个上海干部偷渡黑龙江去了前苏联。那个上海干部是在胜利大队插队的，此人当过海军，当过保卫科长。当时他与一个上海女知青发生了性关系，事情败露，便带上了那个姑娘。两个人先是游到了黑龙江上的一个无人小岛上。他叫女青年在岛上等他，第三天来接她，并约好了打手电的联络信号。到了第三天晚上，女青年吃的东西没有了，又迟迟不见对方来接她，又饿又急，这时候看到江中一艘巡逻艇开过，她以为是来接她的，连忙用手电打信号。没想到，这是我方的一艘巡逻艇。艇上的巡逻人员看到荒岛上有灯光，觉得奇怪，就开过去检查。船刚一靠岛，女青年也不看真切，不顾一切朝上冲，就这样被抓住了。那个男干部自然也难逃被捕的厄运，当时他身上带了中央关于林彪问题的全套文件，作为告密的材料。当然他没有想到，这些文件不久全国都传达了……两年以后，这个人的尸体在黑龙江边的沙滩上被发现，谁也不知道是怎么回事。

还有一次是一个“苏修”特务深入到我们农场。那天下午，从龙安大队方向走过来了一个年青人，穿着很普通，开始也没有引起大家注意。那个人先到了三连，与上海干部交谈了几句。那个人说，原来这里没有人的，现在怎么这么多人了，好像很好奇，要知道个究竟。随后，就朝卫东农场方向走去。等他走了以后，大家凑在一起分析，根据那人问话的内容，对他产生了怀疑。这说明他不是本地人，而且又是一个人从黑龙江边来的。疑点很多。一个知青就骑马追上去。追了半个小时，天色已经晚了，发现那个人坐在林间抽烟，就走上去和他聊天。然后一起向卫东林场方向走。半夜里，快到林场的时候，那个人说要解手，就钻进了林子，一直没有出来。那时候，卫东林场立有一块牌子：

“内有老虎，任何人不得打死。”估计他看到以后想避开林场。那个知青马上骑着马去卫东林场报告。林场的人说，昨天晚上，这里四周信号弹乱飞，有联络信号。估计是有特务在联络，那个人很可能有问题。于是，马上派民兵封锁各个道口，但没有发现有人经过。一直到第二天晚上 12 点，民兵才看到有人从农田里走过来。民兵鸣枪以后，那个人才停了下来。抓到那人以后，从他身上搜出一把刀，一把枪，还有黄油和面包等吃的东西。通过审讯，这个特务原是伊春人，到哈尔滨读的大学。毕业后偷渡到了苏联，也是从这条路走的。

那时候，正可谓是全民皆兵。每个人的心里都绷紧着那么一根弦，知青们还大都以此为荣。1975 年、1976 年以后，中苏关系有所改善。对边境地区的管理相对宽松了许多，那张人手一份的边境身份证几乎形同虚设。不过，不知内情的人从内地去江边，还是预先会去办一张临时的边境证，以免自找麻烦。

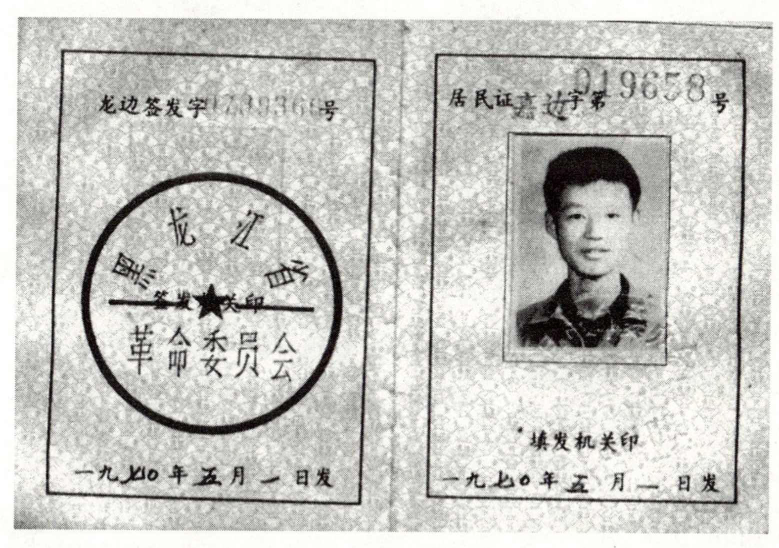

龙边签发字[illegible]号

黑龙江省革命委员会签发机关印

一九七〇年五月一日发

居民证嘉边字第019658号

填发机关印

一九七〇年五月一日发

边境证

解放军首次大空运始末

代年云　郭瑞民／文

白雪罩祁连　乌云盖山巅

1949 年 4 月 21 日，毛泽东主席、朱德总司令发布《向全国进军的命令》，中国人民解放军以排山倒海之势向全国迅速挺进。战斗在大西北的第一野战军，于 5 月下旬攻克西安及关中广大地区，7 月上旬，会同华北野战军第十八、十九两兵团发动了扶（风）眉（县）战役，一举歼灭胡宗南部队主力 4.3 万余人。一野司令员兼政委彭德怀遵照毛主席的指示，乘胜西进，连克宝鸡、平凉、天水等地，8 月 26 日攻占兰州，9 月 6 日占领西宁，捣毁了马步芳的老窝。以王震司令员率领的第一兵团第二军将士，捷取险径，跋涉长达 100 余公里的沼泽地，翻越终年积雪、空气稀薄的祁连山，以迅雷不及掩耳之势，于 9 月 19 日直插张掖，拦头截住了妄图逃窜新疆之敌的退路，迫使敌西北长官公署及所属四万余人起义和投诚。至此，人民解放军第一、二兵团主力威临玉门关下，直叩新疆大门。

关于新疆问题，早在第一野战军一、二兵团向河西发起攻击的 9 月 10 日，毛泽东就电示彭德怀：

新疆已不是战争问题，而是和平解决的问题。……（应）集中注意力争取于11月初、中旬由玉门向新疆进军。

在中国共产党和平统一战线政策的感召下，新疆军政当局审时度势，国民党新疆警备总司令陶峙岳、省政府主席包尔汉，分别于9月25日、26日先后通电起义，接受中国共产党的领导，新疆和平解放。

1949年10月12日，二、六军分陆地和空中
数路大军向新疆开始了气势磅礴的大进军

新疆军政当局宣布起义了，但国民党顽固派不甘心失败。蒋介石在重庆大为恼火，通过电台发布了一条消息，宣布陶峙岳为首的起义将领“背叛党国，着即开除党籍，撤职查办”。胡宗南多次给其亲信发电令其负隅顽抗，阴谋计划将军队东撤到新疆与甘肃交界的星星峡一带设防，以阻挡解放军进疆。还制定了摧毁新疆东部公路沿线的所有城镇和乡村，把这些地方变成无人区的计划。另外，如东疆守不住就退往南疆，依托天山、昆仑山，与解放军长期周旋，妄图卷土重来。

陶峙岳部虽已宣布起义，但其下属部队结构混杂，良莠不齐。10月上旬，库车县城遭起义部队抢劫，轮台县城遭烧杀抢掠；中旬鄯善起义部队叛乱，哈密起义部队整编第178旅533团抢劫银行。整个新疆社会动荡，物价飞涨，民不聊生。

陶峙岳、包尔汉深感局势难以控制，请求解放军快速进疆。毛主席、朱总司令为了迅速稳定新疆局势，巩固和平起义的胜利成果，也为了新疆生产建设及各项工作的顺利展开，1949年冬季，决定部队顶风冒雪，进军新疆。

从酒泉到新疆各地，行军路线长，地形复杂，气候恶劣。从酒泉至迪化（今乌鲁木齐）1253公里，迪化到伊宁698公里，酒泉到喀什2547公里，喀什到和田514公里，共计5000余公里。沿途要经过渺无人烟的瀚海戈壁，翻越高入云霄的冰山雪岭。新疆既无一寸铁路，公路也坎坷不平，运输工具十分匮乏。当时西北缴获国民党军队的汽车仅 500 余辆，能供长途运输者只有半数，军委调华东汽车第一、第五团共 425 辆，华北汽车团 100 多辆，都是从国民党军队缴获过来的，车况很差，且担负西安至兰州段的物资运送已很困难。在此情况下，毛泽东、朱德、彭德怀决定，部队主要是徒步行军进疆。同时考虑到沿途多数地区是戈壁、沙漠、荒原，严寒、风大、雪多、无居民，冬季行军十分困难。进军新疆前，毛泽东已考虑采用飞机运输的问题。

在人民军队的历史上，对空军战斗力量的培养一直是党中央非常关注的问题。早在 1938 年 3 月初，我党就选调了 44 名学员到达新疆迪化，学习飞机驾驶、机械维修，组成了我党领导下的第一支航空队（1944 年，盛世才受蒋介石拉拢，开始“清剿”共产党，这批学员被投入监狱，1946 年才获释回到延安）；1944 年，第十八集团军（八路军）总参谋部成立了航空组；1945 年 10 月，航空组全部人员赴东北，建立东北民主联军航空学校，至 1949 年 7 月，培养了 100 多名飞行员、88 名地勤人员、322 名机务人员；1945 年晋察冀军区接收了 4 个机场、2 架飞机……

二军教导团女兵在进军新疆的行军途中

在进军新疆的当口，我解放军虽尚未正式组建人民空军，但空中战斗力并非空白。1949 年 8 月 15 日，解放军第一个战斗飞行中队在北平南苑机场成立。建队初期，有飞行员 12 名、地勤人员 40 名、飞机 10 架，主要任务是担任北平地区的防空作战。与此同时，解放军摧枯拉朽的攻势，让国民党军政人员倍受震慑，纷纷起义投入解放军的队伍。从 1948 年 9 月到 1949 年 9 月一年间，国民党空军先后有22架飞机、61人驾飞机或随机起义，他们中许多人后来成为创建人民空军的骨干技术力量。

不过，新疆地形复杂，天气情况多变，运送往返次数多，空运部队进疆的任务依靠当时单薄的我空军力量还是难以完成的。对此，党中央早有成熟的考虑和部署。

1949年9月10日，毛泽东在给彭德怀的电报中称：

集中注意力，争取于11月中旬由玉门向新疆进军。我们和友方（前苏联——笔者注）的民航协定，业已大体商好。他们帮我们建立新甘陕三区间的运输，毫无问题，三十架运输机估计可以办到。

在9月26日致彭德怀的电报中又说：

正为你们交涉三十五至五十架运输机。

苏联共产党对中国革命非常关心，倾力支持，所以，支援人民解放军早日进疆问题很快达成协议。经由我驻苏代表王稼祥与苏外长维辛斯基恳谈，经斯大林批准，苏方拟派一个由45架里-2飞机组成的航空兵运输团，以租借民航机的名义来中国支援我军进疆。当时计划约空运两万人（次），120吨物资，中方付给运费28万银元。当然这些情况当时并未向下传达。

黄沙百战穿金甲 不破楼兰终不还

兰州解放后，一野在野战军司令部驻地——兰州城“三爱堂”召开了军师以上干部会议，总结兰州战役，部署部队西进追歼河西走廊的残敌。会议决定，由一兵团司令兼政委王震带领二军和六军进军新疆。

9月28日，第一野战军前委发出了《关于入新工作给一、二兵团党委，二、六军党委，战车营的指示》。在解放新疆的问题上，前委指出：

新疆是我国边疆最大的一个省……油矿及其他资源极其丰富，久为帝国主义垂涎。……虽然敌人已经表示投降，但新疆问题仍未真正解决，敌军中尚有反动派，我们仍须作充分的战斗准备，以防万一。消灭反动派在西北的最后残余力量，解放祖国边疆，并开发油源，建筑铁路并与苏联联成一片，对于发展经济，巩固国防有极其重大的意义。这一艰巨而重大的任务，将很光荣地落在一、二兵团之二、六军、装甲营的身上。……

9 月 28 日，第一野战军前委就进军路线作出部署：

二军将要解放北疆之哈密、奇台、迪化与伊宁自治区，与苏联连成一片。六军将进军南疆之吐鲁番、焉耆、库车、阿克苏、和田、于田……

王震，1908 年出生于湖南浏阳，原名王余开、王正林。王震为人豪爽、作战勇猛，在长征途中，因蓄满胡子，说不到陕北不见到毛主席就不刮胡子，被人称为“胡子将军”。除了战功显赫，他还曾率领三五九旅一万多人在南泥湾开荒，成绩斐然，成为全军“大生产运动”的表率。

王震（站立者）在酒泉召开的干部会上作进军新疆的部署

进军新疆前，王震对南、北疆的天文、地理、风土、人情、山川地貌、人文景观进行了深入研究，他知道进军南疆需要横穿戈壁、沙漠，而且地域广袤，人烟稀少，后勤供应比北疆更为困难，暂时不具备大规模空运部队的条件。因此，从战略部署来看，应将较现代化的交通运输资源分配给进军北疆的部队。同时，究竟分派哪支部队执行空运进军的任务成了王震不得不深思的问题。

六军的前身是 1947 年 10 月 11 日组建的西北野战军第六纵队，下辖第十六师、第十七师、第十八师。这支部队有着光荣的传统，在更早的革命历史时期，它的前身分别为土地革命时期的红一方面军第五军团的一部，抗日战争时期八路军第一二九师第三八六旅一部和冀鲁豫、晋察冀几个分区的部分地方部队，曾在保卫延安的战斗中浴血奋战，完好地保护了党中央的安全，受到周恩来点名表扬。1949 年 2 月 1 日，根据中央军委 1948 年 11 月 1 日关于统一全军编制和部队番号的命令，第六纵队改称中国人民解放军第六军，隶属第一野战军，罗元发任军长，徐立清任政治委员。下辖三个师：教导旅改称的第十六师，吴宗先任师长，关盛志任政治委员；新编第四旅改称的第十七师，程悦长任师长，黄振棠任政治委员；由晋南运城军分区机关和部队组建的第十八师，张树芝任师长，景明远任政治委员。

二军的前身是西北野战军第二纵队，更早则分别是土地革命战争时期的湘东独立第一师、红军长征时期的红二方面军第六军团、抗日战争时期的国民革命军第八路军第一二〇师第三五九旅。王震在红六军团成立时就任政治委员，后又任三五九旅副旅长、旅长兼政治委员，八路军南下支队司令，二纵司令，二军军长兼政治委员。

对于上述两支部队，王震考虑到六军刚归属自己指挥，而二军原来就是一兵团建制，指战员都是跟自己多年的老部下，应担负更艰巨的任务。所以，王震向野战军前委建议：改变原来的部署，第二军为左路军，以步行为主进军南疆，第六军为右路军，以车载和空运进军北疆。

平沙莽莽黄天入　风头如刀两面割

空运由一兵团司令部负责组织指挥，分别在酒泉、哈密、迪化设立了负责接待苏联人员的食宿点，还专门派了一名俄文教授和两名大学生担任翻译工作。中央专门运来新的被褥、食品和餐具，并从上海请来做西餐的厨师。

为做好机场设施情况清查工作，1949 年 9 月底，中央军委派我军著名飞行员刘善本，带领三架飞机由北京西郊机场出发，经西安、兰州飞往酒泉。刘善本是我人民空军最早的飞行员之一，1915 年出生在山东昌乐县的一个农民家庭。1938 年从国民党空军军官学校第 8 期毕业，分配到第八大队任飞行员。1943 年被派往美国学习 B—24 轰炸机飞行技术，立志到抗日前线抗战立功。1945 年驾机回国后，却被当局命令飞往印度卡拉奇滞留达半年之久。1946 年蒋介石向我解放区发动全面进攻的当天，刘善本看清了国民党政府积极内战的真实嘴脸，毅然驾机起义，飞抵延安。

刘善本与王震曾有一面之缘。一野向西北大进军途中，后勤给养供应发生极大困难。当时西北不用纸币，只用银元，而我军只有纸币，全军吃饭成了大问题。作为先头部队的第一兵团更是嗷嗷待哺。中央民政部门筹集了一批银元，并制定了绝密的空运军饷方案。刘善本被派遣执行此次任务。8 月的一天，他率机组驾驶 C－46 式运输机装运着银元从北平南苑机场起飞，途径西安、兰州，安全飞达酒泉。彭德怀老总、一兵团司令兼政委王震在百忙中接见了他们。

10 月 3 日，酒泉，王震派出民运部长冯达为首的先遣组，由刘善本驾机领飞，从酒泉试航哈密。刘善本的这次试航，为苏联空军运输部队进入我西北空域摸清了气象等方面的情况。冯达等人抵达哈密后，留在那里与当地起义部队和政府官员进行联络，宣传政策，为我大军进入新疆、途经哈密做好各项准备工作。刘善本他们又从酒泉至哈密再至乌鲁木齐，先后进行了几次试飞，并对三个场站的地面设施进行了全面检查。同时，以一兵团司令部为主组成了空运指挥机构，并在哈密、迪化二地设立空运指挥所。试航任务圆满结束，刘善本带机飞回西安，等待苏联空军运输部队。

10 月 18 日，苏联一个飞行大队由北京飞酒泉，由于气候原因，到了银川又全部返回。10 月 19 日，40 架苏联里－2 运输机在阿费宁上校、古希拉克中校的带领下到达酒泉，受到热烈欢迎，彭总及一野、一兵团、二兵团的首长均去驻地及机场看望。当天，兵团司令部参谋处长杨捷、政治部宣传部长马寒冰及司、政、后干部 17 人，乘刚到达的第一架飞机直飞迪化，进行先期联络，做好进军新疆的准备。

空运的准备工作一帆风顺，但是期间出现了一点小小的意外。由于整个新疆当时只有 1000 加仑的航空汽油，在酒泉，国民党军溃败后留下汽油也仅有 700 加仑。航油缺乏，飞机一时难以投入运送部队。王震闻讯后，当即决定从正在运送进疆部队的汽车中，抽调一百台车况最好的军车，每车配备两名司机，昼夜不停从伊宁向迪化、哈密和酒泉三地运送苏联支援的航空汽油。

九月天兵征腐恶 万丈长缨缚鲲鹏

对于靠着两条腿打下整个大西北，追过敌人汽车轮子的一兵团官兵来说，坐飞机进疆当然是做梦也没想到的好事。长期转战陕北、华北和大西北的这支英雄部队，跟飞机打过无数次的交道，受过敌机多少次轰炸、扫射，又打下过多少飞机，占领过多少机场，可坐飞机到是头一回。

大军云集酒泉，准备向新疆开进

据说，当时整个一兵团进疆部队中除了政委徐立清坐过飞机外，连王震都是头一回。为此，参加空运进疆的部队，专门进行了一周的空运乘机教育训练。宣传共产主义、国际主义，介绍苏联及其社会主义阵营的大好形势，宣传苏联共产党、苏联人民和斯大林对中国人民和中国共产党的关心支持，展望将来中国的发展。

但毕竟，飞机是个洋玩意，大部分的指战员都没有见过，更别说亲身乘坐过，因此在基层连队进行空运注意事项教育时，难免有差错，更有基层军官连蒙带想象地制造出“乘机规则”教育战士，闹出了笑话。有一个连队的指导员这样对战士说：“坐飞机也没什么神秘的，没吃过猪肉还没见过猪跑吗？那不就是带翅膀的汽车？我们打宝鸡的时候不是还缴获了好几架吗？但是，它和坐汽车也有不同的地方。坐飞机的前一天，你就不能吃饭或只能吃一点点，要不等上了天，你到哪里拉屎拉尿去？它又不是汽车，停在路边等你拉。在天上飞机停不住，落下来没机场也不行。坐在飞机上，不能把头和手伸出窗子，更不能伸着腿，万一飞机贴着树，贴着山，那还不把你的腿给挂断了……”

这位指导员不仅课讲得“精彩”，而且演练登机程序更有“发明创造”。他每天早晨带着部队去酒泉机场演练登机。没有飞机，他就利用跑道边上一堵土墙模拟飞机，训练上下，以及机上应注意的不能随意伸头伸手脚等等。

实际上，这种“爬墙头”训练，在兵团机关和六军十七师等部队整整进行了一个星期。也由此可以看出各部队对这次空运的重视程度了。

针对部队战士对坐飞机空运不了解，民运部部长冯达请来在机场组织训练的十七师政委关盛志，一起登上飞机参观了一番，而且还画了一张座位图和机舱简图，将图纸逐级下达到部队进行学习。此后，部队的“爬墙头”训练才告结束。

事后，王震在一次干部会议上说：“上飞机让我们练成了‘爬墙头’，土包子想开洋荤闹了笑话。没文化不行呀，要不连飞机都不会坐。打完了仗，除了生产就是建设，好好学文化吧，咱们不能再土下去了……”

里-2飞机机身很小，是苏联生产制造的近程活塞式运输机，1940年投入使用。该机型曾被命名为波斯-84，后以其主任工程师里森诺夫的名字改为里-2型。机身为全金属半硬壳结构。起落架为后三点前主起落架式，最大巡航速度230公里/小时，最大航程2650公里，最大飞行高度5600米，起飞滑跑距离455米，着陆滑跑距离430米，机组成员4人，可乘坐14人。为了最大限度地提高空运的效率，进军新疆的这次空运行动只能采取“多拉快跑”的战术——狭小的机舱内，解放军战士们面对面两排对坐，肩踵相抵—这样一次能运送20多个人。

部队乘机前都进行了训练，每20人编成一组，只带小件行李和轻武器。当时军以上干部乘过飞机的都屈指可数，广大指战员对乘飞机的要领更是一无所知，只知道飞机上颠簸得很厉害，于是，各部队抓住这个特点，八仙过海，各显神通，采用各种土办法进行适应性练习。

草原秋风狂　凯歌进新疆

1949年10月6日，原国民党新疆警备司令陶峙岳将军和部分起义将领乘机到达酒泉，向彭德怀副总司令员报告新疆起义部队情况，协商人民解放军进疆及起义部队整编问题。一切空运前的准备工作也已就绪。

1949年11月5日，大规模的空运正式开始。

11月6日，王震司令员、徐立清政委、张希钦参谋长及一兵团指挥机关，由酒泉飞到迪化，受到新疆军政领导及各界群众的热烈欢迎。至此，部队开始源源不断地运往迪化。整个空运以酒泉为起点，迪化为终点，分酒泉至哈密段和哈密至迪化段。

一兵团战士整装待发准备进军新疆

为了确保第一兵团和第六军指挥机关安全进入迪化，十七师师长程悦长首先带一个先遣营乘飞机从酒泉飞到新疆省城，担负起战备警戒任务。里-2飞机机身本身就是斜的，一起飞就更斜了，把人都挤到了机尾。飞机声音很大，震耳欲聋，有时颠簸，令人难受想吐，但战士们都强忍着，没有一个吭声。六军副参谋长谢正浩回忆了当时的一幕：飞机起飞后，他发现乘坐这架飞机一起飞往哈密的20人中，几乎所有的人都是一脸紧张和恐慌，每个人的手都紧紧地抓着头上的吊环，另一只手紧紧地搂着怀里那被视为第二生命的钢枪。20个人，相互对视着，谁也不说一句话。许多人的额上都紧张得出了汗，还直挺挺地坐着一动不动。偶尔有人换个姿势或移动一下脚尖，那位姓纪的指导员一声咳嗽，士兵便立马恢复到先前的坐姿。谢正浩感到这样的行军，比徒步更难受。

而且机舱里的紧张空气让他们绷得随时都有爆炸的可能。谢正浩想缓和一下气氛，把空中行军变得轻松一点，就站起身来，和坐在纪指导员边上的一位老兵换了个位置。

谢正浩坐下来时，纪指导员的脸色绷得更紧了。谢正浩问他："上飞机前，早上吃饭没有?"

"吃了，但没敢吃饱，怕天上解手不方便。"指导员一脸严肃，回答得一板一眼："再说，上级一再要求轻装，除轻武器和背包外，其余辎重全部留下。我想每人少喝一碗水，少吃一个馍，一个连就可以减下几百斤来，飞机就轻快了。"

实际上，机上20多人在指导员的模范带头下，早饭每人都只喝了小半碗稀面糊糊，现在早已饥肠辘辘了。三个小时的空中航程并没有因战士们的"轻装"而缩短，反倒因强气流等原因，推迟了半个多小时才降落在哈密机场。

20多人直到下午赶到驻地才吃上第二顿饭，硬是靠半碗面糊糊支撑了八个多小时。据说，那天晚饭，那位指导员吃了四碗面条，五个馍馍……

随后的空运就顺畅多了，但也发生了一些小插曲。有一次，坐了20多人的机舱内突然冒起一股烟雾，大家迅速查明原因，立即扑灭。原来飞机上一个带小孩的干部家属，在上机时慌忙中将烤在火炉上的尿片带上了飞机，尿片粘上了炭碴，到空中起了火。苏联飞行员为此大声训斥，吓得那位家属大哭；我军的一位高级指挥员在飞机上抽烟，苏联飞行员过来干涉，指挥员反问道："你们机长不是也在抽烟吗?"弄得那位飞行员很尴尬。徐立清政委坐的那一架飞机中途掉了一个螺丝，大家都很害怕，苏联飞行员塞进一个手指头代替，一直坚持到飞机安全落地。

空运团于1950年2月22日胜利完成任务。2月2日，迪化机场，苏联空军40架运输机以每15分钟一个架次的间隔依次起飞，从新疆北部出境回国。

根据统计，从1949年11月6日开始至1950年元月15日止，六军从酒泉空运哈密的人员有2908名，由哈密空运迪化的有9538名，共空运12446名。从11月4日开始车运，至1950年元月13日，从酒泉运到哈密12982名，从哈密运达迪化的有6550名。从安西车运哈密的有2540名，从迪化运伊宁的有2492名（十七师五十团），从迪化运绥来的有2112名（五十一团）。除十六师一部分3月底抵达哈密外，其余均于1950年元月全部到达指定位置。

空运不仅快速运送了人员和物资，而且为平息暴乱赢得了时间。当时直接指挥六军空运的罗元发军长，在一次会议上说："中央军委、彭总表扬了我们这次空运行动，王震司令员也让我代表他向大家问好。"在短短的两个月时间里，解放军共空运兵员12500名，这在我军历史上是一次伟大的创举。

后记

在以六军为主的部队空运、车运进疆的同时，徒步进军南疆的二军也在解放新疆的历史上留下了光辉一页。许多部队通过车运到达大中城市后，由于车况、路况的原因，不得不靠双脚继续他们的征程：第四师徒步行进近千公里；十五团18天徒步穿越塔克拉玛干沙漠；二军教导团及卫生部、后勤部大部徒步行进1643公里……至1950年3月，解放新疆的部队先后进驻南疆之喀什、疏附、阿克苏、焉耆等地区。

清朝同治年间，左宗棠率领湘军入疆，用时两年多。1943年8月，国民党7万人入疆，经过三年准备，用时两年半才进军到了迪化、喀什、玛纳斯等地。而王震的第一兵团在严寒的冬季，在连续行军作战没有得到休整的情况下，只用了6个月时间就进驻了全疆各个重要城市和军事要地，并且接管了千里边防……

1978，当旅游进入上海人的生活

海巴子／文

几位工人的一次“壮举”

1978年11月30日，50个上海汽轮机厂的工人，每人凑了7块钱，向上海第一汽车服务公司租借了一辆公共汽车，“悄悄”来到了苏州。这次行动，工人们已经在暗地里足足筹备了一个多月，而在进行这一切时，工人们全都是在“秘密”状态下进行的。因为在当时，整个社会，几乎没有人敢宣称自己想“出去旅游”，除了新婚的年轻人可以理直气壮地对外宣称说要“旅游结婚”外，想出去走走，大多会被说成是“散散心”。

老式公共汽车

十年“文革”已然过去，但在当时人们的心头依然保有十足的威慑力。

而那50个工人此番“散心”，无意中把旅游这种在“文革”期间备受批判的“资产阶级的生活方式”，悄悄引领回来，并以半地下的方式，使旅游回到了上海普通老百姓的生活中来，并很快成为知识阶层、工商业者和高级职员的一种时尚选择。

仅仅是一些普通工人的寻常举动，却引来了一些人高度关注。而作为一种新的社会生活动向，自然也引起了新闻界的注意。1979年3月4日，《人民日报》刊登新华社电——《上海恢复苏州一日游、杭州二日游》。记者在报道中写道，上海人较为热衷的短途旅游，一般都是以时间作为限定的，如“一日游”或是“二日游”，而这样的旅游活动，在“文化大革命”中被“四人帮”一伙污蔑为“提倡资产阶级生活方式”。可贵的是，上海的工人阶级率全国之先，打破了人们精神上的枷锁，在各家旅行社已停止各种营业的10多年以后，如今类似短途旅游又逐渐开始恢复了……记者还发现，普通市民前往旅行社报名很踊跃。

有人担心放“特务”进来

1978年，随着旅行社等服务机构的兴起，上海官方也开始将旅游纳入视野。当年5月，上海市旅行游览事业管理局成立。当时官方对旅游的定义主要是为外事服务。

而此时，邓小平已经在中央高层会议上强调，“旅游业大有文章可做。”

旅游局成立之后，把大部分精力放在接待外宾的国际旅行社上。旅游局宣传处出的上海风光明信片、期刊和地图，都是中英日文三语。

即便在当时，对于对外开放问题，中央高层会议还是有一丝疑虑：“是不是开放得太早了？”当时有中央的高层领导提出：“会不会把特务放进来，窃取了情报怎么办？会不会腐蚀干部，把干部带出去？那些落后的地方，不能给外人看。”

但毕竟改革开放的浪潮正以不可阻挡的势头，开始浸润人们的日常生活，旅游业在上海的兴起，与那个时代的人们各种强烈的欲求一样，不可遏制地发展起来了。

“苏州一日游”仅花七元五角

上海旅游业的经营者，在这个时候显露出了应有的精明眼光。1978年12月底，上海第一汽车服务公司（即上海锦江旅游总公司的前身）成立了旅游组。一到周末，这个旅游组就会派出自己的大客车，来进行短途旅游业务，显而易见，这个小组称得上是整个国内旅游业的“先行者”了，令许多新起步的旅游界同行艳羡不已，这也是上海的旅游业在“文革”之后开始复苏的最早迹象。

当时，上海一汽服务公司下属一共有五个车队，大小客车近50辆。1963年公司成立的初衷，是要在每个周一至周六的工作日内，接送从市区到上海郊区和安徽、江苏等地的三线工人上下班，而周日这天，车辆绝大多数都是闲置的，如何利用这一天的闲置车辆，成了公司内部议论的焦点。

公司成立之初就在车队担任调度员的戎良，还清晰地记得筹划成立旅游组时的情形。戎良当时已年过半百，曾经是解放以前上海最早的有声旅行社的专业导游。对于商机乍现的旅游市场前景，戎良显然已有所察觉，于是，一次他向车队领导提出，可以在礼拜天、节假日等业余时间，让闲置的车辆“充分发挥作用”。同时他还提出，自己愿意出面承包，搞一些短途旅游，首先可以开辟苏州、无锡、杭州等上海市民较为熟悉的景点、景区。经过一番努力，车队领导终于答应“试试看”！

早期旅游飞机

戎良敢于如此大胆地向领导提出这建议，并表示愿意承包旅游业务，其实他在事先是有所准备的，因为他手里掌握了大量客源的名单，也是他早年担任专业导游时积累下来的客户资源。当时不像现在，人口居住、迁移的频率相对较低，一家人在某个地方一住就是几十年，他通过了解发现，自己完全可以找到那些老客户及其子女和亲戚朋友。当第一汽车服务公司旅游组成立后，这些人便成为了戎良他们的早期客源。

旅游组的第一个旅游团是在国庆节那天组建的，第一个旅游产品就是发往苏州的“一日游”，当晚客人回到上海后向公司表示自己很满意，于是，以后每个星期天的一大早，“苏州一日游”的定点旅游班车就会发出，营业额不断攀升。此后，新的旅游产品不断开发，到1980年，第一汽车服务公司旅游组最火爆的线路是“海宁观潮”。有记载说，1979年12月4日的那个周末，一天内开出了63辆前往海宁的49座的大巴，其中的15辆还是向公交公司临时租借的。

上海第一汽服公司的星星之火，很快就点燃了整个上海旅游市场。1979年2月，“文革”以前就已成立的上海旅行社宣布恢复营业，并在上海的《解放日报》、《文汇报》上发布了消息，一时间吸引了无数前来报名参加旅行团的普通市民，从那时起，第一家专业旅行社终于重新在上海滩立起大旗，旅游市场如火如荼地在上海发展起来了。一直到1981年，各种经济体制开始加入旅游业市场，继国营的上旅、上海一汽旅游组、锦江旅行社（后来的锦江国旅）等之后，又出现了集体性质的春秋、东方、新华旅行社等，中青旅、中国国际旅行社上海分社等，也纷纷加入这一市场，强劲的旅游市场竞争格局形成了。

但最有特色的旅游组团，还要数上海第一汽服公司。当时他们的“一日游”和“二日游”中，最经典的线路依然是“苏州一日游”，一般的常规团组，每个人的费用只要7.5元，仅仅这点费用，就能在苏州最有名的饭店——松鹤楼，吃一顿像模像样的午餐了，一桌10人，四个冷菜八个热菜，还能吃到松鹤楼里最知名的招牌菜松鼠黄鱼。

而“杭州二日游”的飞机班，堪称是当时最为豪华的线路，每人38.5元。它用来吸引游客的最有力的“卖点”，显然就是当时极其特殊的交通工具——那架二战时美国支援中国战区时保留下来的飞机，那是一架双翼飞机，如今这架飞机还停留在龙华机场的停机库里，但早已是锈迹斑驳，再也动弹不得了，但在30年前，它却能够直接从上海飞到杭州。有些游客为了坐飞机而专门报这个团。要知道，早在30年前，一位名牌大学毕业的上海地区毕业生，工作一年以后，每个月的工资也只有56.5元，若拿出近40元钱作一次短途旅游，不可谓不豪华。

上海早期的旅行社业务，一般更注重社会效益，对于经济效益，用戎良的话来说，只能是“顺带便提提的”。如上海旅行社的“苏州一日游”，报价7.5元，旅行社从中只能赚到5角钱，但可观的报名人数还是给旅行社带来了很好的经济效益。上旅1979年的全年产值就达到了150余万元，这在当时，简直就是一笔巨款。不过也不奇怪，当年的上海市民外出旅行的目的也很单纯，就是为观光，对物质的要求很低，住小旅社、吃1角5分钱的面包和榨菜，也都觉得很正常。

出门旅游先换粮票

眼下40岁以上年纪的人们应该都能记得，“文革”期间以及结束后的一段时期，中国的老百姓无论是出于什么目的跨出市（省）界，首先要解决的一个重要问题就是——粮票，因为人不能不吃饭。所以出门旅行，无论是跟随旅行社还是“自助”，出门都远不如今天这么容易。

那时还没有身份证，至于打印机、传真机等现代通讯工具，人们连听都没听说过，打一个长途电话，排队、登记，电话费贵得出奇，最常见的通信方式是拍电报。上海第一汽服公司的导游，每个星期五下班以前，必须要把统计好的游客人数，通过发电报的方式，通知苏州、杭州的旅店，告知游客的到达时间、所需房间数量和用餐标准等。

旅行社在旅游线路的广告传单上，必须要注明旅客“每人每天，应自备半斤全国粮票”，否则将无法解决吃饭问题。游客在出门前，则必须先拿着单位出具的出差证明，到粮管所把上海粮票换成全国粮票，在去旅行社报名交钱的同时，把换来的全国粮票也一并交给旅行社。

当时的苏、浙等外省，几乎没有几家像样的宾馆，游客一般都住小旅社或是某个单位的招待所，四到六人一间的大房间，有的甚至是大通铺；像样一点的，也就是那种单人的板床或铁床，也有分上下铺、有点类似单位集体宿舍的房间，一个楼层只有一个厕所，洗澡间盥洗室在一起；好一点的地方，晚上还有二三个小时供应热水，可以供游客洗澡，房间里没有空调，夏天靠风扇，冬天靠火炉。

在浙江千岛湖，曾经有这样一个笑话：当时，有几辆载着上海游客的汽车到了那里。还没等游客走下汽车，当地的农民就跑到车队跟前，他们不知道来者何人，所以满心戒备，甚至要轰游客走，因为在当地人的头脑里，根本就不知道“旅游”是个什么东西。

我在朝鲜战场的敌工生涯

王乾德／文

1950年10月，在全国人民“抗美援朝，保家卫国”的热潮中，我在当时培养新中国外交干部的北京外国语学校（现为北京外国语学院）和许多同学们一起，报名参加抗美援朝，成为中国人民志愿军的一员。当时，我们都听说，朝鲜前线急需外文干部，审讯俘虏没有懂外语的人参与；缴获的文件没人翻译，不少有价值的军事情报，可能就这样无形中流失。听到这样的情况，我们这些懂外文的知识青年更应义无反顾地投笔从戎。

在北京，我们受到中国人民解放军总政治部的欢迎。肖华副主任接见了我们并对我们作了形势报告。随后，我们被送往沈阳，在那里经过简单的教育培训和发放冬装后，很快就跟随部队从辑安跨过鸭绿江，投入了抗美援朝的战争。想不到，在朝鲜一干就是8年，从1950年11月一直到1958年8月志愿军最后撤军才回到祖国。

难忘的战地采访

我参加的部队是中国人民志愿军9兵团所属的20军，二次战役期间，我们军和兄弟部队一起，于1950年11月27日夜间秘密完成了对东线长津湖地区之敌的分割包围，将美军陆战1师、陆军第1师、陆军第7师、第3师所辖四个团、三个炮兵营、一个坦克营，共1万多人团团围住。仗打得十分艰苦，但我们取得了战役的胜利。经过第二次战役，中国人民志愿军迫使美军全线溃退到“三八线”以南地区。

初战告捷，我和部队的同志们一样，怀着激奋的心情，在胜利的喜悦中总结工作。20军有一位著名的战斗英雄杨根思，带领全连顽强战斗到只剩他一人，最后他抱着炸药包冲入敌群，与敌同归于尽。当时，部队涌现出的英雄事迹实在是数不胜数，首长让我立即去一线部队的最前沿进行战地采访。

在硝烟未散的长津湖畔，我采访的第一个对象是一个只有十几岁的“娃娃兵”。我还没有开口，他已经两眼泪汪汪了。我纳闷，打了胜仗，怎么还流泪呢？这位小战士哽咽着对我说起了事情的原委。

原来，战役打响后，这位小战士所在的小分队，负责监视和拦截敌人溃逃时的散兵。冰天雪地里，号称建军以来没有败绩的美军陆战一师，被我埋伏部队打得丢盔弃甲，四处逃窜。我所采访的这位小同志所在的小分队，因为伏击时间较长，他们身上穿的还是因匆匆过江连冬装都没有来得及换上的夹衣，戴的是大盖帽，因为天太冷，只有毛巾包着脑袋和双耳，脚上穿的也还是单鞋。在一尺多深的雪地里埋伏时间长了，腿脚冻僵了，手冻得麻木了。在敌人溃退时，小分队的战士们嘴里在高喊“冲啊！冲啊！”可是，腿冻得陷在雪地里拔不动，枪栓也拉不动了。战士们眼睁睁地看着敌军从他们眼皮底下逃跑了，真是欲哭无泪。这位小同志对我说：“首长，你说我能不伤心吗？”我的心情也随之沉重起来，想不出更好的话来安慰他，只好强忍着伤感，违心地说：“小同志，你还会有机会打美国鬼子的！”事实上，我知道，其实这位小同志也知道，为了保全生命，冻坏的腿弄不好要截肢，小小年纪很可能成为终身残废，他怎么会不流泪呢？

临别时，这位小战士交给我一样东西，那是一枚子弹壳。那是每个上前线冲锋陷阵的士兵和军官都必须有的“身份证”。弹壳里面塞着一张纸条，上面记载了这位小战士的姓名、部队番号和本人籍贯、家庭地址，子弹壳口用蜡烛油密封。他说：“首长，朝鲜战争胜利了，不要忘记我这个小战士。”这时，我的眼眶也湿

对敌广播站的工作人员在架线和安装喇叭

润了。

回到部队，我把采访情况连同小战士交给我的子弹壳，都上交给部队政治部。当时，我真应该要求领导把这枚子弹壳启封，拿出里面装的小纸条，让我再仔细核对一下这位小战士的情况。可惜，当时我疏忽了。所以，这既是一次难忘的战地采访，也是一生中难忘的遗憾。

战地审讯俘虏

战斗胜利，我所在的部队俘获了大批俘虏。因为部队要继续投入战斗，所以战俘必须立即送往后方俘虏收容站。在前线，只能对战俘进行简单的集体讲话，宣传我军优待俘虏的政策，然后登记造册，送往后方。

这时政治部主任让我找一名下级军官，他要亲自审讯，我就挑选了一名尉级军官，让警卫员带到首长那里，他审讯，我作翻译。坐下来以后，我让俘虏把头颈上的“狗牌”（DOG TAG）取下来，那上面有他的姓名、军号、籍贯等等。这个“狗牌”的作用，是当他战死了，收尸的人就会把他颈上挂的“狗牌”取下来，塞在他的牙缝里，这样不至于成为“失踪”而无法查找的“异乡鬼”。

审讯开始，首长先对战俘作一般的提问。这些他都比较听话，也顺顺当当地作了回答。可是，再深一层的提问，他就不作声了。他虽然当了战俘，好像还傲气犹在，内心的不服气也可以从他的眼神里透露出来。但他又很心虚，怕我们会处置他。首长猜透了他的心思，耐心地向他宣传我军优待俘虏的政策，解除他的顾虑。开始他还是那么傲慢地说：“根据日内瓦公约的规定，战俘只回答我上面所讲的那些内容。其他可一概不作回答!”首长说：“你当了俘虏还那么傲气。你们是战败者。”后来，几经首长开导，他说出了心里话：“我们是被你们打败了。但我们不服输。你们有本事，就在大白天，摆开阵势，大战一场，看谁输谁赢，何必打埋伏仗，打夜仗?”这一下，倒把首长说得笑起来了。他笑这个年轻的美国大兵，怎么会懂得我军的战略战术，又哪里懂得我们人民军队的优良传统。随后，这个战俘的话匣子好像打开了，表情也放松地说：“我们是为和平而战的。长官们告诉我们远东这里有日本的姑娘和大丘（南朝鲜地名）的苹果，打败了敌人，最迟在‘感恩节’前就可以和家人团聚了!”听了这些，首长沉思了一会说：“你们是被骗来当炮灰的，为了和平，你们为什么从太平洋东岸跑到太平洋西岸来，侵略别人，打一场非正义的战争呢?”战俘无言以对。首长又讲了一些话，就让他走了。

战俘走后，首长问我：“小王，今天的审讯，你有何感觉?”想不到首长会问我这样一个问题，我一时答不上来。首长说：“敌军的基层士兵是被欺骗来当炮灰的雇佣军，他们明白了事实的真相，那么士气是不能维持多久的，这就是他们的劣势。我知道从敌军基层军官身上是了解不到军事情报方面的‘油水’的。今天的审问倒是为我们开展对敌军‘心理战’提供了一些思路。你把战俘的心理特点、心理状况、敌军欺骗宣传的内容和实质，写一份材料，我看了以后报 9 兵团政治部。”首长还语重心长地说：“小王，看来你们做敌军工作的，尤其需要学点国际公约和条约方面的知识，了解一些美国国情。这样才能做到知己知彼。”

这一次参与审讯俘虏，我从首长那里得到不少启发，也受到了教育。通过审讯战俘，我透视了美军思想上的“软肋”。在往后的战役里，经过我训话和填写战俘登记表的不下 200 多名美军和杂牌军的战俘，凡是碰到重点对象，我就格外留意，仔细审问，了解军情，了解他们的心理和士气，为上级提供有参考价值的材料。

停战以后朝鲜人民在阵地前沿搭起彩牌楼。我军战士们在彩牌楼前留影

前线战地坑道里的对敌广播站

抗美援朝战争第五次战役以后，敌我双方基本上是处于战略对峙的阶段，我军采取的是阵地防御战，这种态势，直到抗美援朝战争胜利结束。其间，1952 年 5 月和 7 月曾经有过我军的较大规模的夏季反击战役。这对我军来说，既是战事，更是政治斗争。经过这最后的较量，“联合国军”才不得不在朝鲜停战协定上签字，承认自己的失败。

为了进一步贯彻落实中国人民解放军总政治部关于开展对敌政治攻势，进行火线瓦解敌军的通知精神，我军在前沿阵地的坑道里建立了对敌广播站。讲到坑道，那是既坚又固、深邃幽长，有好几个出入口，里面还有什么上海路、南京路、天津路、四川路等等，在岔道口还设置了路标，不然的话，进去了不记路名，不看路标，就会迷失方向，走错了出入口，那可是事关军事机密和部队的安危。坑道的最大功能是："你打我，我让你打不着；我打你，就要把你打死"。据不完全统计：我军共构筑坑道1250公里；战壕、交通壕6240公里。这种以坑道为骨干，与野战工事相结合、有生活设施支撑点的坚固阵地体系的形成，为我军实施阵地战打下了牢固的基础。

就是在这样铜墙铁壁般的前沿坑道里，我一线部队的敌工部门办起了瓦解敌军的阵地广播站。当时，敌我双方对峙，有时敌我双方各占一个山头；有时敌我双方近在咫尺，甚至一条战壕连接敌我双方，中间只用铁丝网相隔，在夜深枪声炮声寂静时，从敌方碉堡里传出来的讲话声和咳嗽声都可以清楚听到。这是开展对敌广播的有利条件和实施"心理战"的有利条件。

阵地对敌广播站一般由四到五人组成。其中有一到二名英语、朝语广播员，我当时就担任英语广播员。此外，有一名机务员、一名电话员、一名手摇发电机的摇机员。设备就是一部扩音机、一部手摇发电机、一框电话线、几只广播喇叭。

对敌广播站设在坑道里，相对来说比较安全。一线部队也很关心我们，但工作条件仍然非常艰苦，只有几平方公尺的地盘，头顶上不停地滴水，后来部队战士帮我们用几块大雨布，撑起天棚挡住滴水。广播时照明用蜡烛也是特殊照顾的，平时坑道里用的都是油灯，广播时亮度不够，看不清稿件会出差错，只有蜡烛灯光才亮一点。

至于生活条件的艰苦，凡是看过朝鲜战争题材的电影，都可以回忆起来。每次上阵地到对敌广播站却是比较危险的。到前沿阵地去，虽然走的是战壕，但狡猾的敌人，就在我们上阵地必经的战壕处，用炮弹轰开一个大缺口，夜里用探照灯把这一个缺口照得如同白昼，敌人只要听到动静，就是一梭子机枪子弹射过来。记得我第一次上前沿阵地广播站，是由前线部队的战士护送我上去的。当要经过这段有缺口的战壕前，这位战士先用一根粗树枝在缺口处晃上几下，造成一个阴影，发出一些响声。敌军以为是我们在通过这段战壕，于是就射过来一梭子子弹。这位战士和我都伏在地上未动，等了一会战士先低身跑了过去，再等一会，根据战士的手势，我也快步跑了过去，等我们两人跑过去后，敌军又一连打了两梭子机枪子弹。好在我们已经通过了危险地带。后来我们从俘虏口中得知，一些在碉堡里的敌军，将绳子绑在机枪枪栓上，有时连观察瞭望都懒得做，每隔几分钟，一拉绳子打出一梭子子弹，以此应付差使，当然，对第一次上阵地广播站的我来说，通过危险地带，内心自然比较紧张。

阵地广播站里最辛苦、最危险的要数负责接线和安装喇叭任务的电话员了。我们的广播线埋得再隐蔽，广播喇叭伪装得再好，敌军只要一听到我们的广播声，机枪子弹就对着放声的喇叭打来，有时还向我阵地射来几发炮弹。不是把喇叭打哑了，就是把广播线炸断了。这时电话员就得跑出坑道，冒着敌军的炮火去接线或去换喇叭。一次，我正在广播，突然喇叭哑了，电话员老吴跑出坑道，一查是广播线被打断了，老吴立即动手去接线。这时，一发炮弹射来，炮弹片击中了他的头部，还没有等抬下阵地，他就牺牲了！大家悲痛得几天吃不下饭，睡不好觉。

我们阵地坑道对敌广播站的主要任务是瓦解敌军。有时也肩负着对内鼓舞士气、活跃文化生活的任务，大凡我前线小股分队向敌阵地发动攻击时，我们广播站就担当起“冲锋号”的角色。在部队出发前，为他们播放雄壮的进行曲；在部队迈出坑道，冲向敌阵地时就播放《志愿军战歌》；在部队胜利归来时，为战士们播放欢快的乐曲。前沿阵地坑道的战士们把我们当作他们战斗集体的成员，大家融洽相处，互相帮助，白天广播站暂停工作时，我们就教部队的战士唱歌写字，为他们代写家信，战士们可高兴了。这些也是在阵地广播站里难以忘怀的往事。

停火 72 小时与美军“联谊”

根据朝鲜停战协定规定，在停战停火 72 小时以后，双方要脱离接触，撤出非军事区。因此，这 72 小时，是宝贵的与敌接触开展工作的好时机。

停战了，抗美援朝战争胜利了。前沿阵地，一下子一片死寂，当时还真有点不习惯。为庆祝胜利，一夜之间，在我前沿阵地上搭起了欢庆胜利的高高的彩牌楼，也不知朝鲜老百姓，怎能如此神速。彩牌楼上插起了彩旗，扎满了松枝和“金达莱”花。这反映了朝鲜人民胜利的喜悦和骄傲！

停火 72 小时，双方要撤离阵地的时间过得特别快，这时我们抓紧时间，主动向我阵地对面掩体里的敌军喊话让他们出来晒晒太阳。并说：“你们就要走了，我们交个朋友好吗?”听到我们的喊话，敌军人员陆续从碉堡里走了出来。但是，要他们先走下山头，来到较平坦的中间地带，看来他们心存的疑虑不少。于是，包括我在内的几名懂外文的同志争取主动走下山头，来到中间地带。见此，美军的士兵也一个一个从山头上走了下来。几天前，还是兵刃相见的敌对双方碰到一起，相互间戒心难免。我们的警惕未因停战而稍松懈，仔细观察他们是否带有武器，在确认安全有保障的情况下，我们主动伸出手去与他们握手，想不到那个把手伸过来和我握手的美军下士，把我的手握得紧紧的，他的手又大，我都感到被他握得有些酸疼了。我们相互寒暄几句，说了一些美好祝愿的话。下来的都是士兵，他们的长官在上面监视着他们。握手、聊天以后，相互交换纪念品，我们有的送他们一瓶酒、有的送他们一包中华烟。我不会抽烟喝酒，就拿出一张我特别喜爱的《我们热爱和平》的宣传画照片。这个美军下士看着照片上抱着和平鸽的两个孩子，高兴得很，情不自禁地拿起照片亲吻了一下。他也想送我一件纪念品，可摸遍了口袋，找不到一件合适的东西，最后他在腰包里，找到了一张塑封的照片，背面是一缕金发。他告诉我，照片上的女子是他的妻子；金发是他和妻子离别时剪下来的，塑封在一起，好让远离家人的他能时常看看照片，聊以自我安慰。他说："现在停战了，我可以回家和她团聚了，也不用再把照片带在身边了，就给你留个纪念吧！"他的思乡思亲之情，溢于言表。

72 小时，很快就过去了，双方都撤离了阵地，脱离了接触。我们前沿阵地的部队，仍然在非军事区外面的阵地上执行监视敌人的任务；同时，还肩负着在非军事的分界线我方一侧的安全通道里执行武装巡逻的任务。瓦解敌军的工作，还将继续下去。

欢迎志愿军凯旋归国

军事分界线上的对敌心理战

以和敌人"交朋友"的形式，进行"心理战"，瓦解敌军，这是我军对敌政治工作中的一个老传统。根据朝鲜停战协定规定，双方在军事分界线各自的一侧，辟出一条“安全通道”，即双方在各自一侧的宽2米的军事分界线上进行扫雷及排除其他障碍，形成一个“安全通道”，双方各派出三到五人的巡逻小组，在各自的安全通道里巡逻，任何一方都不得超越军事分界线。在巡逻中我们臂上戴的是标有“民警”两字的红袖布；敌方戴的是标有“MP”（宪兵、武装警察）字样的兰黑色袖布。当时，我们的武器装备比较落后，允许带一支步枪和配戴一支手枪；敌军的武器装备比较先进，他们的步枪是半自动的，可以连发，所以只允许他们带一支步枪巡逻。我们就利用这个巡逻的机会，以“交朋友”的方式，对敌军开展“心理战”，瓦解敌军。因此，在每个巡逻小组里，除前线部队的基层干部和战士以外，根据敌方巡逻小组人员的各异，配备懂英文或朝鲜文的敌工干部。当时，我就作为懂英文的敌工干部参加巡逻小组。

我军巡逻小组在军事分界线上巡逻

在巡逻中，双方都是荷枪实弹，停战不久，对方敌意甚浓，警惕性和敌对情绪，溢于言表。为了工作需要，我们虽然警惕性一点也不放松，但表面上却是以“友好”的姿态出现。我们工作决不能“操之过急”。开始，我们在巡逻中相遇，有时只是一笑擦肩而过；最多是一声“礼貌”的问候或讲天气等等的无主题的交谈。数次接触以后，话开始多起来了。当然，话多数是接着他们的“由头”，我们后说多说。为了延长接触和交谈的时间，巡逻的脚步从开始时，双方匆匆而过，到后来双方心照不宣地放慢巡逻的步伐，谈话的内容也慢慢延伸到对方的家庭、妻子、儿女等家常事，这些事对方一般是愿意涉及的，而且好象也没有多少顾虑或保留。但边走边谈，毕竟时间短暂，巡逻结束时，我们感觉到对方言犹未尽。于是，我们主动提出，可以采取“约会”的形式，到一个军事分界线中间地带合适的地方坐下来交谈。对方欣然同意。为了表示我们的“友谊”和“诚意”，我们还带了一些休闲食品、中华牌香烟和一些小礼品。这些都是为了工作需要专门从我国国内采购来的，其中不少还来自上海。然后，双方席地而坐，话题从家庭生活切入，谈到他们的入朝作战的非正义和他们受骗上当当炮灰的实情。开始他们听的多，后来也和我们争辩几句，我们倒是喜欢他们的争辩，这表明他们的心中已把我们当成“朋友”了。“约会”的次数多了，熟悉了，我们带的消费品和纪念品也多一些了，而对方却永远是两手空空，对此他们有时自感腼腆。有时，我赠送给他们纪念品，他们搜遍衣裤口袋，找不出一件可以交换的纪念品。一次一个美军黑人士兵竟拿出一把军用卡车的钥匙给我作纪念，我没有收。车钥匙没有了，回去怎么交代，怎么开车呢？一次一个美军士兵，掏出一张照片给我，这是他的“全家福”，并给我一一作介绍；谈到他儿子时，他面带骄傲地说：“我儿子足球踢得好，将来一定是个好球员。你留着照片，以后会在赛场上 见到他的！”我欣然接受。在多次约会以后，对方对我们树立了信任感和好感。有时，预定约会的时间到了，我们因为某种原因，不能从阵地上下山去应约，他们会在约会的地点久等，而且举起双手给我们打招呼，要我们下去。遇到他们的部队换防，他们会预先告知；有时他们巡逻小组里来了陌生人，可能是长官，也可能是特务，他们会对我们发出暗示，让我们提高警惕。

在军事分界线上的对敌“心理战”中，一定不能轻敌麻痹，放松一丝警惕。这方面是有血的教训的。一次我们一个巡逻小组，与南朝鲜伪军的巡逻小组，事先约定了“约会”，到时我们巡逻小组带着米酒和下酒菜下去了。刚坐下，还没开言饮酒，一个伪军特务就拔枪向我们巡逻小组里的朝鲜文敌工干部迎头一枪。这位干部当场牺牲。

对敌“心理战”中，我们不求“立竿见影”，也不搞“旁敲侧击”，示意他们与长官作对，更不会启发他们“弃暗投明”。这一是不必要，二是办不到。只要在巡逻中，通过我们的交谈约会，能让他们得到启发，能够去思考一些问题，那么我们的目的就达到了。

军事分界线上的对敌“心理战”，是我在朝鲜的8年时间里，从事瓦解敌军工作的最后一站。在我部队撤离前沿阵地，朝鲜人民军来接防时，我们把对敌“心理战”的工作向朝鲜人民军的领导机关和接防部队作了移交。

1958年夏秋之际，在朝鲜8年的我和志愿军大部队的同志们一样，怀着胜利的喜悦和依依惜别的心情，告别了第二故乡—朝鲜民主主义人民共和国。在这片热土上我把一生中最宝贵的青春年华（从20岁到28岁）献给了“抗美援朝，保家卫国”的神圣事业！

我用镜头"写"十大开国元帅

张友林／文

【相关链接】

作者1931年1月生于四川雅安，1951年在西南军区战士画报社当记者。1952年成为志愿军战地记者。1954年回国专职从事军事摄影，现任沈阳军区摄影家协会名誉主席，大连摄影家协会名誉副主席、中国摄影家协会执委等，作品《远望》、《第九户人家》、《一把土》等作品多次获军内外大奖，被解放军画报社授予"功勋摄影家"称号。

"指上千般枝，胸中一点成，将帅增丽影，照片尽生情。"这是一位友人赠送给我的一首诗。我1951年开始给刘伯承、邓小平、贺龙等首长拍照，在半个多世纪的军事摄影生涯中，先后给十大元帅全都拍过照，用镜头"书写"开国元勋们的勃勃英姿；已有六位元帅出版发行的影集中收入了我拍摄的艺术照，还有数十张老照片被中国历史博物馆、中国军事博物馆收藏，成为我军发展史上重要的史料。近日，我在整理资料时又发现了我给元帅们拍摄的许多老照片，仔细端祥这些老照片，一些久已淡忘的往事重又变得鲜活起来……

朱老总视察旅顺口军港

驰名中外的旅顺口军港是世界五大著名军港之一，战略地位极为重要。1954 年初，朱德总司令同军委副主席刘伯承来到当时还在苏军控制下的旅顺口军港视察，我跟随他们进行了摄影报道。这次旅顺之行时赫鲁晓夫刚刚上台。朱老总视察完回到北京后立即向毛主席汇报。此后不久，中国政府即作出决策，立即敦促苏联将苏军驻守的旅顺口军港及旅大防务归还给中国人民解放军。这年 10 月 12 日，中苏两国政府首脑在京签订了《关于中苏会谈的公报》和《关于旅顺口海军根据地问题的联合公报》，商定“关于苏联军队自共同使用的中国旅顺海军根据地撤退，并将该地区的设备无偿地移交中华人民共和国政府”。1955 年 1 月 9 日，我军从朝鲜胜利班师，陆海空三军陆续进驻旅大，接收了苏军防务，历经外国军队控制一个多世纪的旅顺军港自此回到了祖国的怀抱。我当年跟随朱老总视察采访时，并不了解此行的目的是为酝酿这一重大战略决策作实地考察，现在重看这张半个多世纪前拍摄的老照片，回顾当时的国际背景，对朱老总的英明伟大和为国防建设做出的重要贡献，有了更深一层的理解。

朱老总非常关心旅顺口的海军建设。1959 年 6 月 15 日，他同国家副主席董必武又一次来到北海舰队旅顺海军基地视察，我又随同进行摄影采访。

朱德元帅（前右二）在旅顺基地司令员刘华清将军（前右一）陪同下出海观看舰队海上编队训练

我发现，这次视察朱老总的心情特别好，与 5 年前的视察截然不同，因为旅顺口军港现今是由人民海军守卫着。上午，他在风景秀丽的白玉山海军招待所听取了旅顺海军基地司令员刘华清将军的汇报，又登上了高高的白玉山顶俯瞰了军港全貌。然后步行来到军港，了解和查看港口的建设和管理情况，还健步来到军舰上与水兵亲切交谈。他问一个士兵：“你在军舰上生活苦不苦，能不能吃饱睡好？”

这位战士操着一口浓浓的四川口音一一作了回答。朱老总又握着他的手问：“你叫什么名字？家是哪里的？家里还有什么人？”

战士回答完后，朱老总幽默地说："小鬼，咱们是四川老乡，要苦练海上杀敌本领，为咱们四川人争光。"

我举起相机，把朱老总登上舰艇视察、关心水兵生活的情景摄入了镜头。

下午，朱老总在刘华清陪同下，乘坐"长春舰"出海观看舰艇编队训练和各种武器对海上目标实弹射击汇报演习，检阅海军指战员战备训练情况。午后，海上编队训练时风浪很大，年届73岁的朱老总毫不在意风浪侵袭和军舰颠簸，站在指挥台上神情自若，目视前方，饶有兴趣地观看汇报演习，不失当年总司令的威武。他称赞部队—训练有素、技术过硬，各种武器打得准、打得好。我不失时机地按下了快门，将老帅的光辉形象瞬间定格。这张照片被《人民日报》、《解放军报》大幅刊载，《解放军画报》还将其刊登在封面上。

海上编队训练结束后，朱老总又兴致勃勃地登上了"鞍山舰"，检阅了在甲板上列队的参加演习的全体海军指战员，他高兴地大声招呼："同志们好！"指战员齐声回答："首长好！"

朱德又以洪亮的声音高喊："同志们辛苦啦！"指战员们振臂高呼："为人民服务！"

朱老总和全体指战员们的高昂声音，响彻在旅顺的海疆。在我的军事摄影生涯中，我曾三次给朱老总摄影，留下了近百张照片，老帅关心部队建设、体贴战士生活和他的平易近人，令我终生难忘。

彭老总向我发怒

抗美援朝五次战役结束后，志愿军司令部召开了一次重要会议，传达毛主席新的作战部署。开会那天，时为战地记者的我走进会议室，想给志愿军司令员兼政委彭德怀拍摄照片。当我举起相机对准他时，不料遭到彭老总的拒绝："我彭德怀有什么好照的？不要突出我个人，你省下胶卷给志愿军战士照嘛！"说完，他向我挥了挥手，叫我离去。在众人面前，我委屈地走出了会场。

会议休息时，我在会议室外见到了志愿军副司令员陈赓，他是我的老领导，在国内国外我曾多次给他拍照，今日他见我垂头丧气的样子，便走过来安慰我，接过相机说："你别难过，我来帮你给彭老总照。"彭老总见副司令员给他照相，虽然不好拒绝，但表情严肃，总是绷着脸，最后相也没有照成。后来，我从新华社和解放军画报社的摄影记者那里了解到：彭老总一贯"怕"拍出名，不少老摄影记者给他拍照，都曾遭到过他的拒绝。

时隔不久，在志愿军政治部召开的一次党组织生活会上，有的同志提出："彭德怀同志是志愿军司令员，中国人民和世界人民渴望看到他在朝鲜战场上的形象，中央宣传部门和中央一些报刊也让我们提供材料和照片。"会后志愿军副政委甘泗淇将军向彭老总转达了这一意见，彭老总的态度才有所转变。

一天，彭德怀司令员兴致勃勃地来到上甘岭阵地前沿部队视察，闻讯后我立即赶到阵地，见彭老总和干部战士们谈笑风生，表情轻松。我连忙取出相机准备拍照，彭老总一眼认出了曾经挨过批的我，笑了笑说："哦，又是你这个小记者，今天你随便吧！"我抓住时机按下了快门，将战地气氛、人物表情及神态，真实地记录了下来。

1955 年 11 月，我军在辽东半岛首次举行陆海空三军联合抗敌登陆大演习，叶剑英担任演习总指挥，党和国家领导人刘少奇、周恩来、朱德、邓小平、彭德怀等前来参观。我当时在导演部当记者，那次演习时又给彭德怀元帅拍摄了不少照片。

志愿军司令员兼政委彭德怀（右一）在上甘岭前沿阵地与干部战士笑谈"美帝纸老虎"

罗帅观看"千斤猪"

沈阳军区某守备师，是一支具有光荣传统的部队。上个世纪 50 年代，他们发扬南泥湾精神，在紧张的战备训练和国防施工之余，种粮种菜养猪养鸡，既改善了部队生活，又减轻了国家负担。为了嘉奖他们，中央军委给该师记集体三等功。全师集体立功，这在我军历史上还是首次。

这个师养了 60 多头优良种猪，每头猪都长得滚瓜溜圆，其中一头重达 1342 斤，一时轰动了军内外，前去参观和取经的人络绎不绝。

1958 年 6 月 14 日上午，罗荣桓元帅慕名来到该师检查农副业生产和文化学习情况。我随同采访。10 时 30 分，几辆军用吉普车驶进了饲养场，第一辆车里走下了师长刘德才和师政委刘路明，第二辆走下了身材魁梧身着便装的罗荣桓元帅，战士们不知道他是谁，只知道这是一位“大首长”，经介绍后才恍然大悟高兴极了。

那天罗帅也特别高兴，他饶有兴致地观看了战士们饲养的“千斤猪”，元帅从来没见过这么大的猪，感到特别好奇。师长刘德才一步跨入猪圈，张开双臂量猪的身长，可臂展仅仅够得上猪身长的三分之二。见此情景，罗帅感叹地说：“啊，好大的家伙哟！”

罗帅兴致盎然地问起了“千斤猪”的饲养经过。在那年月，战士们还不懂得高科技饲养，也没有什么增肥饲料，这头庞然大物是他们平时精心喂养出来的。他们向罗帅汇报说，这头“千斤猪”粮食喂得很少，主要喂稻糠、酒糟和自种的大白菜大萝卜，饲料要经常进行调剂，每天喂四遍以上，猪圈要打扫得清洁卫生，没有任何异味，以减少和预防各种疾病，给肥猪创造一个良好的生长环境。罗帅听后频频点头，高度称赞战士们爱岗敬业的精神，他说：“我祝贺你们养猪事业大发展，在农副业生产中，你们给全军带了好头。”我举起相机按下了快门，记录了罗帅观看“千斤猪”这一珍贵瞬间。

是年 7 月，中央军委召开扩大会议，师长刘德才作为特邀代表参加，在会上汇报了全师开展农副业生产的经验。不久，这张“元帅观看千斤猪”的照片被中国人民革命军事博物馆收藏。

叶帅给士兵表演节目

在我厚厚的一本将帅摄影集里，有一张我拍摄的《远望》艺术照，叶剑英元帅在照片背面写道：“请张友林同志存念—叶剑英 1980 年 8 月 17 日”。现今这张元帅题名照成了我弥足珍贵的收藏。

1980 年 8 月 17 日，我在京参加全军摄影工作会议时，德高望重的叶剑英委员长在百忙中亲切接见了我，自上个世纪 50 年代初，我先后七次跟随叶帅下部队去海岛，给他拍摄了数百张照片。那天，我俩共叙心情，回顾了以往的交往，一直谈到中午，叶帅设便宴招待了我，还在《远望》照片背面签名相赠。现今这张元帅题名照成了我最珍贵的收藏，令许多同行羡慕不已。

1965 年，国际上掀起一股反华浪潮，被赶到台岛上的蒋介石乘机叫嚣反攻大陆。为了加强对台战备，负责全军作战训练的中共中央军委副主席叶剑英元帅来到战略地位极为重要的辽宁外长山列岛视察——每天飞舟跨海，深入各岛连队、哨所、雷达站、三八女炮班等基层单位狠抓战备训练，还亲自持枪给战

士做示范。跟随摄影采访的我把叶帅深入海岛抓战备和关心战士生活的画面摄入了镜头，留下了珍贵瞬间。

一天，叶帅视察完最前沿的海洋岛陆海空三军后，乘坐一艘鱼雷快艇返回大连。快艇主机全部发动，风驰电掣地劈波斩浪高速前进，艇身后留下一条长长的浪花不断翻滚，叶帅看到这一景观后雅兴顿起，吩嘱秘书找我到指挥台给他照相。

快艇驶离码头后，我经不住风浪的颠簸，略有晕船，躺在底部仓里休息，闻听首长要照相，便背上器材爬上了指挥台。我一看指挥台很高，仰拍的话反映不出叶帅跨舟在大海上航行的气势。叶帅一眼看透了我的心思，问道："你看在哪里照好？"我建议去艇尾部拍照。可是叶帅的保卫人员不同意，认为快艇高速行驶，艇尾摆动很大，海水不停地溅上艇尾，稍有不慎就会发生意外。见此，叶帅摇了摇头说："不要紧，不要紧，要照好相就得听摄影家的指挥。"他的秘书幽默地对我说："好啊，你敢指挥叶帅！"

叶帅整了整军帽，系好风衣扣，扶着舷梯走下了指挥台，健步走到快艇尾部，手扶栏杆极目远望。我站在快艇高处，紧握相机，在颠簸摇晃的快艇上选好角度，用蓝天、白云、大海作背景，以翻滚的浪花作前景，此时叶帅正迎着呼啸的海浪远望——身材高大魁梧，神情自若潇洒，神采奕奕。我不失时机地按下了快门，用镜头写下了元帅的风采。后来，这张名为《远望》的作品被国内外许多报刊刊载，后又荣获全军艺术摄影大奖。1977 年 10 月，为纪念叶剑英元帅八十寿辰，《人民日报》、《光明日报》、《解放军报》、《人民画报》等中央各大报刊刊发了毛主席手

叶剑英元帅在长山列岛拍摄的《远望》

书叶帅的一首题为《远望》的诗，配发了我拍摄的《远望》。爱好拍照的叶剑英元帅一生照过许多相，他最得意的便是我给他拍摄的这张《远望》，将它放大后挂在他西山住处的卧室里，还选出作为《叶帅诗词》一书封面。

在与叶帅的交往中，另一件事情也给我留下了深刻的印象。上个世纪六十年代初的一天，叶剑英元帅飞舟跨海，来到黄海某小岛守备三连视察，上岛后他发现小岛交通不便，十天半月不见交通船，连队经常几个月看不上小电影，岛上没有电视机，连队也没有俱乐部。战士们的文化生活单调乏味。针对这样的情形，叶帅在要求连队自编自演文艺节目实行官兵同乐的同时，率先垂范亲自登场——在某一天的文艺联欢会上他以大地作舞台，给战士表演起了精彩的文艺节目。多才多艺的叶剑英元帅吹拉弹唱样样都会，尤其是对家乡音乐——广东民乐特别爱好。只见他操起一把二胡，弓弦一动，一曲赏心悦目的《步步高》便从弦间飘出，人们立即被这曲调悠扬、美妙动听的乐曲深深打动。跟随采访的我情不自禁地与战士们一起齐声喝彩，热烈鼓掌。

在战士们的喝彩声中，叶帅又演奏了《旱天雷》、《喜洋洋》、《光明行》等广东民乐，把演出推向了高潮，此时战士们都沉浸在无比的激动和幸福中。最后，他与守岛文工团一起，给战士们演唱了《长山岛好地方》、《海岸炮兵之歌》等歌曲。

叶帅精彩的演出，深深地打动了守岛士兵，演出结束后，全连干部战士激动万分，爆发出长时间雷鸣般的掌声，我被这一场面感动，举起相机频频拍照，留下了这一动人的场面。战士刘全观赏完演出，含着眼泪动情地说："元帅给士兵表演节目，古今中外绝无仅有，使我们终生难忘。"有的战士在日记里写道："我很光荣，我很幸福，在小岛不仅见到了元帅，而且还看了元帅的精彩演出，给我留下了美好的回忆。"还有些战士纷纷写信，向家乡父母亲人报喜。当晚，连队的干部兴奋得睡不着觉，他们深知叶帅上台演出的良苦用心。

给林彪拍照的苦涩

1960 年 6 月的一天上午，一位领导把我叫到办公室，表情神秘地告诉我，下午 3 点去棒槌岛宾馆给一位首长照相，他特别提醒我要严格保密，注意军容严整、文明礼貌。我曾给许多党和国家领导人及军队将帅照相，从来没有这么神秘过，今日下午给哪位"大人物"拍照？

下午 3 时，一辆豪华轿车载着我驶进了戒备森严的棒槌岛宾馆，经过两道哨兵验证后，车到目的地，我下车走进了一栋红色大楼。步入客厅，我一眼认出了时任军委副主席的林彪，他坐在沙发上与夫人、"林办"主任叶群在谈论什么。叶群见我背着相机走进了大厅，站起来向我说了几句客气话，接着向我交代了给林彪拍照的几条规矩，她说："林总这次到大连疗养，身体不好，怕光，照相时不能使用闪光灯，也不能频频照相。"我巡视了一下，大厅里所有高大窗户都挂着银色不透光的金丝窗帘，在这光线较暗的大厅内照相不准使用闪光灯，这是我遇到的一大难题，再高超的摄影技术也难以施展，可是面对表情严肃的林副主席，谁敢不从？

最烦人的是，我在拍摄时，叶群站在我的身边，指手划脚，说三道四，一会儿说站在这边好，一会儿又说站在那边好，我顿时心烦意乱。林彪换了几种姿态，我不失时机地按下了快门，将林彪摄入了镜头。拍摄完后，林彪坐在沙发上一言不发，叶群怕影响林彪休息，立即下了"逐客令"。我收拾完毕，背上器材怏怏不快地离开了棒槌岛宾馆。这次我给林彪拍摄的照片，效果都不是很好，我拿去后叶群挑选了一张。

当年，我给刘少奇、周恩来、朱德、陈云、邓小平等领导拍照时无拘无束很随便，精神上很愉快很放松。记得有一次我给周总理拍照时他与我谈笑风生，为了照好相，他还让我可以"导演"。然而，给林彪拍照却提心吊胆，心有余悸，遇到很多麻烦。

还有一年盛夏，林彪来到大连，下榻在黑石礁市政府宾馆，几天后旅大驻军兵团首长去给林彪汇报工作，我受命前去拍照。接到电话后我背着器材乘坐有轨电车前往，不料这趟电车全线停驶。原来，宾馆离有轨电车很近，林彪来到大连的第一天晚上就听见了有轨电车"叮当叮当"行驶的声音。叶群怕影响林彪休息，立即吩咐工作人员给市有关部门打电话，要求停驶有轨电车。那时大连市内的公交汽车很少，黑石礁地区数十万市民上下班和出行主要乘坐有轨电车，电车一停市民只好步行，引起群众强烈不满，交通部门不敢说明事实真相，谎称轨道将进行维修。无奈，我只好顶着烈日，背着照相器材步行前往。

进入客厅后，兵团司令员刘转连中将和政委杜义德中将等正在向林彪汇报作战方案。我取出相机准备拍照时，叶群与林彪秘书走来告诉我，还是和以往的规定一样，不要拉开窗帘，也不要使用闪光灯，林总身体不好，他怕光怕风。当时厅内光线极弱，不拉开窗帘照相非常困难，但是又不敢"违令"，我只好从选取角度等方面尽量弥补，完成了拍摄。结果照出来的林彪影相色调灰暗，表情讳莫如深，这是我给十大元帅拍照艺术效果最差的一次。

事后，新华通讯社、解放军报社、解放军画报社多次给我打来电话，想发表一些"林副统帅"的生活照，由于林彪怕光怕风和叶群的干扰和刁难，三次给他拍照，照片质量都不是很好，我借故推脱了。1971 年 9 月 13 日林彪出逃后，几位领导一起找我谈话，要我把林彪的底片和照片全部上交，否则后果自负。后来还派人到我的暗室和办公室翻箱倒柜，把林彪的底片和照片全部拿走。退休后闲来无事，我在整理将帅资料时，又找到了三张林彪的照片，其中一张是极少见的林彪全家照。现今，我给林彪拍的这三张老照片成了弥足珍贵的重要史料。

与上述经历相比，给其他元帅拍摄照片的过程就要简单得多。元帅们的伟人风采让我今生难忘——刘伯承元帅的沉静斯文、贺龙元帅的豪爽开朗、陈毅元帅的光明磊落、徐向前元帅的内敛稳重、聂荣臻元帅的宽厚温和，都是难以简简单单用语言或文字描绘的。现今，我已年届古稀，闲暇时翻阅给几位元帅拍摄的照片，回想着在他们身边工作的日子，常常心绪起伏……

（万金栋帮助整理）

我和侯宝林的一段情缘

季之光（口述）　丁邦元（整理）

相声大师侯宝林虽然去世了，但他留给我们的相声是那么幽默有趣，无疑是一笔宝贵财富，而今我们从电视上还可以看到他的笑脸，听见他幽默诙谐的语言。

令我终生难忘的是与他的第一次会面，留给我的印象太深刻了，我始终被他意味深长、幽默诙谐的谈吐牵着鼻子走，不知不觉与他上演了一出对口“相声”。

1979年夏天，扬州评话大师王少堂老先生去世了，作为曲艺界的同仁，侯宝林来到扬州吊唁，下榻在西苑宾馆。在友人的引荐下，我见到了侯老，一见面，我客气地说：“久闻大名，特来拜访。”侯老答道：“火花大王驾到，未能远迎，失敬，失敬。”我说一句，他回敬我一句，这叫来而不往非礼也。我说：“我是收藏火花的，但也收藏钱币、邮票、玩具、打火机、名人字画、磁带等，我特别喜欢你的相声磁带，没有事的时候喜欢听你的段子，百听不厌。”侯老笑着说：“你这样吹捧我，小心把我从天上吹得掉下来摔个半死。”说完两人哈哈大笑，我与他之间的距离顿时拉近了。

寒暄片刻后，我将一些火花拿给他欣赏。他看完后说：“火花很精美，不错，受益匪浅。”闻听此言，知道侯老也是一个收藏爱好者，几句闲聊后，知道他喜欢收集古董和瓷器。藏友相见，相见恨晚。互相叙谈良久之后，侯老卖了一个“关子”，说：“我有一根长火柴，你这位大名鼎鼎的火花王可能没见过，你信不信?”这可把我弄糊涂了，我从13岁就开始收集火柴和火花，什么东西没见过，侯老竟然在我面前卖关子，我有些不相信，于是说道：“侯老，你这不是在说相声吧。”“不，与朋友谈话我从来不喜欢开玩笑，说相声那只是逢场作戏，我刚才说的话是实实在在的大实话。”相声大师反倒认真严肃起来，我这才相信。

相声大师侯宝林（左）与本文口述者的合影

我收集的火柴很多，有防风火柴、防水火柴、彩色火柴、高温火柴、多次燃火柴、无梗火柴等等，就差长火柴，我非常想得到它。侯老故意吊我的胃口说：“这根火柴比筷子还要长，可以一口气点燃12支香烟，是一位日本友人送给我的，我知道你很喜欢，可是我也喜欢。”“唉!”我叹了口气，显然侯老对这根火柴情有独钟、爱不释手。其实这也是侯老卖的一个“关子”，他接着笑嘻嘻地对我说：“不过，你比我更喜欢它，所以我将它送给你。”我刚喜形于色，侯老又话锋一转：“不过火柴不在身边，在北京家里。”侯老说话艺术性很强，说半句留半句，先是藏包袱，然后再抖包袱，如同在台上说相声，但他最后留下地址，让我有空去北京取火柴。

我始终没有忘记侯宝林许愿的那根长梗火柴。一年后，我真的托去北京出差的朋友到侯府去取。但我把侯宝林家的地址写错了一个字，害得那位朋友转来转去，一上午都没找到。那个朋友万般无奈之下，来到一个饭店吃饭，无巧不成书，他看到同桌一个吃包子的小男孩很像侯家的人，一问果然姓侯，再问竟然是侯宝林的孙子！正好请他带路。

侯宝林听说原委后非常高兴，忙让老伴到阁楼上去寻找火柴，老伴找了好半天也没有找到，侯宝林就不顾年事已高亲自爬高翻箱倒箧，终于找到了，侯宝林说：“季之光很认真，我要支持他。”

1985 年 5 月，侯宝林赴江苏泰州演出。我甚感欣喜，专程从扬州赶到泰州去看望侯宝林。久别重逢，倍感亲切，相互询问近几年来的情况。侯宝林这时已被北京大学等几所高校聘请为客座教授，并有数本相声专著出版。而我的收藏事业也有很大的发展，除不断举办展览和开演讲会，又有几本火花集相继问世。当话题转到书法艺术上时，侯宝林说：“常有人对我说，留个墨宝吧！嗨，我最怕人家要我题字，那叫个什么字，还墨呀宝的！可有人求字鬼得很呢，说您写个地址给我吧！我说带钢笔了吧，我说，你写。”

我却有点不识时务，此刻竟然恳请侯宝林“赐墨宝”，我以为他会毫不客气地拒绝我，想不到他竟然爽快答应了，他边磨墨边说道：“其实我原来的字写得并不好，弯弯扭扭像蚯蚓找妈妈，可是人家非要我签名，没得办法将我逼上‘梁山’，我就在家里练字，起初在沙盘里练，后来就在纸上乱涂，七涂八涂就涂出了名堂，字写得能见人啦。不过，我不是书法名人，写的是名人书法罢了。”侯宝林沉思片刻后，利用“济公活佛”的谐音，挥笔写下了“季公火佛”四个大字，我喜形于色，连说：“太好了，谢谢！”这在我收藏的众多名人题词中，是最恰当、最传神、最幽默的。姜昆后来说，也只有侯宝林这样的艺术大师才能题写这么绝妙的词句。

如今这幅题词，我特意挂在房间里，每天都要看上几眼，每当看到这幅题词，我就想起了侯老，想起与他会面的点点滴滴。有人想出高价买侯老的这四个字，说是一个字一万元，我摇摇头，对方以为嫌少又往上加码，我仍然摇着头，对方说，你究竟要多少，总得给个价钱。我说：“你即使有金山、银山，也买不走这四个字，因为这是我与侯老的一段情缘，不能用金钱去衡量。”

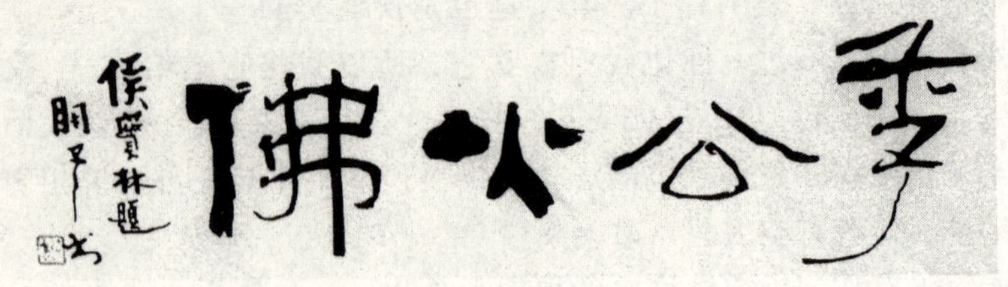

侯宝林题写给本文口述者的题词

西北马家军阀是如何起家的

彦 生 / 文

一

说起来，真是有点不可思议，从清朝同治年间，一直到1949年，曾经控制甘肃命脉（1928年前的甘肃，还包括今日的青海、宁夏两块地盘）近百年之久的西北“三马”家族，居然都出在甘肃南部僻远闭塞、贫瘠至极的弹丸之地上。具体说，是出在河州（今临夏）西乡莫尼沟、阳洼山这么两条黄土丘陵层层围裹的山沟里。

这赫赫有名的“三马”家族是：马占鳌、马安良、马廷勷家族；马福禄、马福祥兄弟及其子侄马鸿宾、马鸿逵家族；马海宴、马麒、马步芳、马步青、马仲英家族。上年纪的西北人，大约都知道马步芳、马鸿逵，至于其他人就不甚了然了。其实，这一串人名，个个都是了得的人物：

马安良，马占鳌之子，光绪年间甘肃提督，总兵衔，民国初期甘肃最大的军阀，号称“西北天子”。

马廷勷，马安良之子，民国初凉州镇守使。

马福禄，董福祥甘军中重要的将领，八国联军围攻北京时，甘军奉诏赴京护卫清廷。义和团运动中，独甘军不听荣禄的号令，与义和团一起攻打美、英领事馆。马福禄身先士卒奋勇冲杀，飞弹入口身亡，清廷追授振威将军。

马福祥，与其兄马福禄同为甘军将领，除武功娴熟外，又长于谋略文才；曾护从慈禧太后西逃，深得赏识，后封宁夏镇总兵，为宁夏一代豪雄。

马福禄之子马鸿宾，国民党中将军长，甘肃新军司令。1949 年率部起义，任甘肃省副省长。

马福祥之子马鸿逵，曾任袁世凯侍从武官，国民党陆军上将，第十七集团军总司令。

马海宴，猎户出身，为马占鳌反清起义的一员战将，后曾赴京护卫清廷并护从慈禧太后西逃。

马麒，马海宴之子，民国初宁海（西宁）镇守使，第一代青海王。曾机智地阻止了英军及西藏分裂分子东侵、北洋政府欲割让西藏的企图。

马麒之子马步芳，国民党陆军上将，第四十集团军总司令，西北军政长官，第二代青海王。

马步芳之子马继援，解放战争时期曾经名噪一时的“青年战将”，西北军政副长官。

马仲英，原名马步英，马步芳族弟，民国初发动“河湟事变”，转战甘肃、新疆，人称“尕司令”，为马海宴一系中的另一英俊，后死在前苏联，死因至今仍是一个谜。

一个小小的山沟里，何以如此集中地出现这么多重要人物？这些生活在远离省城的偏僻山沟里的乡民，是如何登上历史的大舞台，成为一方豪雄藩镇的？推究起来，这一切都与三马家族之首的马占鳌有关。

二

清同治初年，太平军、捻军战事刚刚熄灭，回民起义的潮水席卷西北。先是陕西白彦虎起事，失败后逃入甘肃。为声援、呼应陕西回族义军，甘肃灵州金积堡、肃州、河州、西宁四地乡民相继揭竿而起，形成了映照西天的四堆熊熊大火。

马占鳌画像

这四支义军中，以灵州金积堡的实力最为强盛，为回民起义之核心。河州与西宁地相毗连、人相稔熟，反清武装自然连为一气，成为甘肃南部重要的据点，与金积堡遥相呼应，互为犄角。金积堡义军的领袖是马化龙。河州义军的首领则是马占鳌。

马占鳌是河州莫尼沟人，祖上陕西大荔县，清初经商于河州，遂在此定居。马占鳌年轻的时候曾去西安清真寺求学，很见过一些世面，24 岁时就在大河家清真寺当阿訇；因其“能言利嘴，敢作敢为”、多谋善断而在河州一带享有很高的威望。他在教门中的地位并不高，举事以来，却被河州各教派公推为首领，领导河州回民起义军同清军作战。

正当马化龙在金积堡购马造械、储粮筑堡准备与清军长期对抗时，马占鳌率领河州西乡回民义军攻战河州城，向省城兰州逼近。清廷见甘肃反清势力越来越大，几成燎原之势，就罢免了“剿办不力”的陕甘总督穆图善，改调在“剿灭”太平军战事中脱颖而出的闽浙总督左宗棠出任陕甘总督，调集“平定”太平军的湘军西进甘肃。

同治十年（1871），在左宗棠挥师入甘后，击败退守在陇东的陕西起义军，攻占董志塬，尔后又以大兵团围困金积堡。金积堡回民起义军在马化龙的指挥下顽强抵抗，在打死清军北路总指挥刘松山、重创了清军之后，终于弹尽粮绝，无法支撑。马化龙为保护部众，向清军求抚，清军以从堡内搜出匿藏一千二百余支枪械为口实，将马化龙“父子俱凌迟处死”。其父兄子侄八十余口同时遇难，妇孺家眷被发配充军，一万余名教众被强行迁徙到固原、化平等“苦甲天下”的穷旱山区安插，几百座回族庄堡全都销毁，金积堡大营就这样在清兵的残酷清洗中化为瓦砾。金积堡的失败与被屠戮，对河州、西宁、肃州的回民军是一个异常沉重的噩耗，义军首领们的信心大受动摇。取胜看来是相当渺茫了，失败则难免遭受金积堡之惨祸。马占鳌向妻子儿女们说起金积堡与马化龙一门的惨剧，心情如煎似焚。他的处境，与马化龙相同，看起来，同样的惨祸，已经离他们不远了。沉重之中，他拈笔铺纸，写了一首诗，聊遣胸怀：

龙战乾坤血未消，
彼天何事纵天骄？
祇堪孽境留冤狱，
安有爰书载赦条。
舆论至公千载定，
君门虽大九重遥。
公然杀将屠城事，
说与妻孥破寂寥。

数百年来，回民的冤屈深深，造反实属逼上梁山。而今左宗棠手段凌厉，下手狠辣，战也是死，降也是死。他也想到了把回民的冤屈、造反的缘由上达天廷，然而君门遥遥，山重水阻，想获得一纸赦书，保全家小与教众，已是渺不可期了。他又把希望寄托在他年史家的明察公论上，但“舆论至公”之念，实在是一厢情愿和幻想。马占鳌是走投无路了。他只有决一死战，拼它个鱼死网破。至于以后，只有听天由命吧。但马占鳌毕竟不是一个临危一筹莫展、只会长叹写诗的书生。这个乡间的清真寺阿訇，自从执掌军事指挥权以后，协调各部，统一事权，指挥回军挖地道、破城墙，成功地拿下了甘肃军事重镇河州城，展示了相当的军事才干。如今，他身系着河州地区数十万回民的身家性命。他面对的敌人，不是草包穆图善和擅长掠财和逃命的绿营兵，而是足智多谋、深思远虑、有着丰富作战经验的左宗棠和新灭了金积堡、兵锋正锐的湘军。情势危机，容不得他忧愁叹息，或存其他侥幸的幻想了。他得拿出个主意来。

这才有了转变危局的“太子寺之战”。

三

金积堡之役结束后，左宗棠的进攻目标就是河州的回民起义军。左宗棠坐镇安定（今定西）大营，清军分三路大举进攻河州。先后攻占河州东面的狄道、康家崖两个出入口，强渡洮河。河州城前面，只剩下太子寺（今广河县城）一道关口。太子寺一旦失守，河州城便彻底暴露在清军兵锋前面。危急关头，马占鳌显得特别沉着冷静，他与部将马海宴（马步芳祖父）细细谋划，拟定了一个大胆而冒险的“黑虎掏心”计策。

是夜，溯风凌厉，野狼远嚎。南方来的湘军受不了甘肃冬夜的奇寒，缩进了营帐。猎户出身的马海宴带领三百多名精壮的回族枪手，每人除携带武器外，各带一根木椽、一壶水和一块土坯，于半夜悄悄潜入新路坡清军前右两营之间，用土坯支起木椽，围着木椽边砌土坯边浇水，时值隆冬，即刻成冰。这样，很快在清军两营之间竖起三座堡垒。当夜，马占鳌又派兵攻占了位于八角沟村上下四庄一垒，与新路坡形成犄角。

马步芳

天明后，清军发现在自己军营里突然出现起义军的三座堡垒，又惊又怒，大呼小叫。数十营清军将三座堡垒团团围住，发起猛攻。躲藏在堡垒中的枪手早已做好准备，在马海宴的沉着指挥下，三百枪手一半射击，一半压弹，轮番更换，连续射击。清军在营垒前死伤无数，不能靠近。清军指挥官、记名提督凉州镇总兵傅先宗见状大怒，自执大旗，率军冲锋。马海宴是打猎的能手，看得真切，一枪命中，傅先宗当即毙命。主帅阵亡，清军顿时大乱。紧接着伏在前面的起义军一起杀出，又杀死杀伤许多清兵。这时，埋伏在八角沟的马占鳌率领义军乘势杀来，一时间满沟满川道里，净是猛冲猛杀的呐喊声。清军腹背受敌，伤亡惨重，弃营而逃。傅军溃败后，次日，提督徐文秀率部来战，又被起义军在党川堡设伏杀死。两日之内，清军连丧两员主帅，人心惊惶，不知所措。马占鳌挥军反攻，阵斩清军将佐一百四十余人。清军几不成军，不得不全线溃退。

太子寺之战，马占鳌以“黑虎掏心”战术出奇制胜，打得清军大败亏输又莫名其妙。这是左宗棠自进入甘肃以来最惨重的一次失败。河州起义军的骁勇善战和马占鳌的胆大心细、安排周密，使左宗棠意识到遇到了劲敌，一时找不到破敌之策，压力沉重，日夜焦虑。起义军则大受鼓舞，士气高涨，纷纷要求乘胜追击，直捣左宗棠的安定大营。在他们看来，所谓威震天下的湘军，也不过如此。

这时候的马占鳌，头脑却格外清醒。俯察大势，权衡力量，他独自思忖再三，忽然对情绪高昂的各首领提出，趁此胜机，向清廷求抚。马占鳌的主张，令众人愕然、惑然。马占鳌表情冷峻地对大家说了这么一番话：现在陕西白彦虎失败了，宁夏马化龙失败了。陕西已告“肃清”，甘肃也大半“平定”，我们只剩下河州、西宁两个地方。战争祸延遍地，常此以往，不独汉人仇怨日深，回族亦无立锥之地，如今若依大家意见去攻安定大营，即使一战而胜，百二河山皆为我有，谁能以一丸泥封函谷关，使关东将帅不再来？除一左宗棠将有无数左宗棠在其后，河州弹丸之地怎能与天下抗？今后种田的还要种田，做买卖的还要做买卖。过去的事由我一人承担，杀我一个可救我们十个，杀我们十个，就救了我们一百个，等到失败了再降，大家受连累，死的人就会更多。古人说，“君子见机而作”，今日之事，舍降别无生机。这一番话，足见马占鳌的眼光与头脑，他也是做好了以一人之头颅、一门之鲜血来换取大家生存的准备。可见，投降前的马占鳌，堪称是一个具有殉教殉族精神的阿訇。

太子寺新败，左宗棠正为连损两员大将、兵事受重挫而大伤脑筋。忽接河州求抚案帖，大喜过望，急忙接见了前来做人质的马占鳌之子马五十七和各首领的后人，亲自为马五十七赐名“马安良”。随后，又接见了亲到安定大营负荆请罪的马占鳌、马永瑞、马海宴等十二人。在双方交手中，左宗棠已领教过这个深眸隆准的汉子的手段，如今见他举止从容、谈吐有度，非一般草野流寇可比，当即允其不死，并赐以六品军功顶戴。马占鳌求抚，正中左氏下怀。左宗棠自入甘以来，亲眼看见了这个偏僻大省吏治糜烂，更兼军营腐败，“甘肃之军，不能卫民，反以扰民；甘肃之官，不能治民，反激民为乱”。他疾呼刷新吏治，起用新人，以改变西北边政。他认为甘肃相安，必须“以甘人制甘”。他“所至之处，亦常极力访求”，希图在甘人中寻找合适的代理人。此刻，马占鳌兵胜投降，他当即准予收留，并私下对幕僚说：“马占鳌固回中之杰，其子亦非凡品，将来弹压河州，其在马氏父子乎。”

左宗棠将河州反清起义军收编成马旗三队。马占鳌转眼间变成了清军马队的中旗督带，重新跨上了战马，操起屠刀去屠杀自己的同胞和一起出生入死的弟兄。就这样，马占鳌等人从回民起义的领袖变成了清朝政府镇压回民起义的帮凶，成了清政府“以回制回”的工具。

四

金积堡失陷、河州降清之后，西宁成了各路起义军惟一的退守之地。陕西白彦虎部于金积堡失败后，投奔了西宁，与西宁义军首领马桂源、马本源兄弟连兵御守。同治十一年（1872）七月，马占鳌率领马旗三队参加了攻打西宁的战役。十二月，西宁城破。清军入城后，对乡民百姓大肆杀戮。马桂源兄弟节节溃退，实在走投无路，只好派人向前往收复循化的清军马队督带马占鳌求救。穿起清军戎装的马占鳌，此时对昔日的起义兄弟不仅不救，反而将计就计，诱捕了马桂源兄弟。为掩盖当初河州、西宁两地义军相互串联的诸多秘密，马占鳌竟用煤烟将两人熏哑，然后解往兰州。马氏兄弟押至兰州后被杀害。

马海宴之孙马步芳（立者）
与马步青合影

与河州西乡仅有一水之隔的循化，是乾隆四十六年（1781）撒拉族反清首领苏四十三的故乡。当地的百姓们是一群血性汉子。同治初年的反清斗争中，循化撒拉族人曾给了马占鳌的河州义军以有力的支援。但马占鳌此时立功心切，再也顾不了许多，率骑兵剿杀了循化撒拉人的反清武装，杀死各工首领数十人，百姓数千名。黄河臂弯里美丽的循化，流淌着撒拉人的血。

马占鳌的行为，激起了河州乡民极大的愤恨。当初与马占鳌一起造反的南乡首领闽殿臣，再次率领愤怒的乡民百姓起事，攻占河州，焚毁马占鳌在河州的老屋，到处寻杀马占鳌。刚刚处治完循化人的马占鳌，闻讯从积石关峡谷杀回河州，攻入城内，抓获闽殿臣，将其炮杀于市。河州一战，闽殿臣率领的二千多乡民百姓全部战死，无一降者。

五

对历史来说，马占鳌的崛起还具有另一层意义：从他起始，河州西乡的这三支回民家族步入政界渐成气候，逐步掌握了甘、宁、青三地政权，成了清末、北洋政府、民国时期三代不倒的军阀藩镇，拥兵自重、割据一方、自成派系。马占鳌本人并没有当上什么大官，甘肃平定以后，左宗棠抬棺西进，去收复新疆。马占鳌留守河州，不久病故，至死不过是河州马队中旗督带。但他为部将马海宴、马麒一支，儿子马安良一支，及另一支河州回民武装马福祥、马鸿逵们铺平了通往官场的道路。他死后，由马安良统帅旧部。光绪年间，马安良因镇压河湟起义，再度屠杀起义的回汉人民而大受清廷赏识，授衔花翎副将总兵衔，赏穿黄马褂，一跃成为西北最有实力的军阀。慈禧太后西逃时，马安良作为慈禧太后非常倚重的将领，奉急诏率军赶赴西安护驾。辛亥革命爆发后，各地纷纷宣布脱离清廷。马安良作为清廷所剩不多的几个铁杆疆吏之一，率甘军攻打陕西革命军，企图保住西北一域，助清廷伺机东山再起。未及攻至西安，清廷宣布退位。这位失了主子的军人敏锐地意识到，当此乱世，实力决定一切。回甘后，他招兵买马，军力大增。民国初，革新浪潮波及西北。马安良拥兵擅权，对新政阳奉阴违，派人刺杀了对他的专权提出质疑的民主人士、甘肃议会议长李镜清。凭借手中的“精锐西军”，马安良左右政局，权倾甘省，被人称为“西北天子”。后来统治青海的马麒、马步芳父子和统治宁夏的马福祥、马鸿逵父子，也都曾是马安良麾下的部将。

但马占鳌一系却率先败落了。马安良病死后，他的儿子马廷勷统帅一部分旧部，任凉州镇守使。马麒与马福祥则分统一军，分别占据青海、宁夏。比起乃祖乃父的有城府、善机变，马廷勷毕竟嫩了一些。民国初年，冯玉祥率国民军入甘，在地方军阀与国民军争夺甘省控制权的复杂政治角逐中，马廷勷与弟弟马廷贤、马麒部将马仲英贸然发动武装叛乱，向国民军开火。事败，马廷勷被冯玉祥处死，马廷贤只身亡命，精锐西军瓦解。马占鳌、马安良家族从此退出了政治舞台。而老谋深算的马麒，作为“河湟事变”的真正主谋，却始终躲

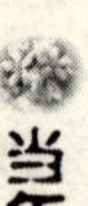

在幕后，隐而不发，静观事态的变化。看到国民军占了上风，他竟派儿子马步芳率部队追杀马仲英，将其逐出甘肃。马安良、马廷勷的势力一倒，马麒、马福祥趁机收罗其残部，扩充实力，分别成了青海、宁夏两省的巨魁，从此形成了“青马”、“宁马”各据一方的格局。

学习鲁班好榜样

沈嘉禄／文

上海人说起木匠，总要在前面加一“小”字，既表示亲热，又有一点轻看的味道。手艺人嘛，在大上海的地位本来就不高，如今知识经济时代，木匠更与民工同一个档次。但是，在“工人阶级领导一切”的时代，木匠在我们这个城市是风光过一阵的。木匠的手艺对清贫生活是一种安慰，在下就积极性颇高地学过几招。

套用一句辩证法的俗语，对我来说，学习鲁班是受客观环境所迫，也出于主观愿望。客观环境是，从上世纪70年代到80年代这漫长的岁月里，中国处于经济短缺时期，国内木材不够供应，从国外购进木材又无足够的外汇，所以家具行业常处于巧媳妇等米下锅的尴尬状态，这也是中国家具史上的黑暗期。一方面传统的老红木家具当作“四旧”被抄了，烧了，剩下的堆在仓库里，有一些流到旧货商店里，价钱之便宜，等于白捡。但还是没人敢买，怕惹火烧身。最后，红木家具送到厂里拆散了做成秤杆、琴杆和算盘珠。另一方面，新做的家具严重短缺，长时间供应不上。我大哥是70年代初结婚的，买家具得排队过夜。我参与了这次伟大的抢购，穿着棉大衣在淮海路一家家具店门口排了个通宵，还不能买全套的，只能在大衣柜和五斗橱中选一件。所以我大哥结婚时，家里没有五斗橱。四年后用了朋友的额度才补齐一套。

主观愿望是，本人出身于劳动人民家庭，穷人的孩子早当家，动手能力一直比较强，在家具供应紧张的日子里，就只能通过自己的辛勤劳动，改善家居环境。

我对鲁班爷的致敬始于对学校课桌椅的改造。我进中学那年，经过“文革”初期洗礼的学校跟1929年的美国一样，一片萧条，教室里的门窗玻璃绝大部分是破碎的，课桌椅能凑齐算不错了，黑板大面积掉漆，上地理课就是现成的世界地图。大多数课桌椅就跟教科书里对资本主义经济基础的描绘一样：摇摇晃晃、濒于崩溃。于是老师号召会钉钉子的同学利用课余时间将课桌椅修理一番，我与几个要好同学就义不容辞地担当起这个重任。经过好几个星期天的敲敲打打，缺胳膊少腿的课桌椅又焕发了青春。顺便的，我们哥几个为自己开了小灶，在桌板下面的口子前加一块翻板，上一把锁，这样一来，我们两手甩甩就能进出校门，使本来就已经够轻松的上学变得更像一次孵茶馆。

从此，我就迷上了木工活。几年里，我陆续购置了刨子、锯子和凿子，先将家里的凳子、桌子当作试验田，然后循序渐进地做了床边柜、书柜、桌子、书桌等。中学毕业前夜，我一支扁铅笔夹在耳朵上，一把锯子上了手，就很有点小木匠的腔调了。

当年的家具

做家具要木材，但当时上海的木材供应十分紧张，只有少量从建筑工地或旧家具上拆下来的木柴通过少数几个供应点出售，还要凭户口簿。我在通北路买过一次，在卢家湾买过一次，有一次在浦东塘桥购买。之前听说这个点的货比较好，可能有大料供应，但要起得早。于是我在凌晨四点就赶到塘桥，顶着刺骨的寒风排了四个小时的长队，与队伍中的业余木匠轮流去一个小店喝了豆浆，吃了大饼油条，然后熬到开门后爬到高高的木柴堆上挑选三分钟（商店规定）。我挑到了一块长约两米的木板，引起了不少人眼红。完事后扛着它一路上了摆渡船，再到十六铺，欲上12路电车时却被售票员赶了下来，理由是它太长了，会影响乘客的安全。没办法，只得扛着它走回家，半路上还下起了大雨，将我淋成一只落汤鸡，肩上的木板越来越重。后来我就用这块木板为大哥做了一口书柜。他最近搬进新居，别的旧家具都扔了，就是这口书柜舍不得扔。

买来的零星木料其实是很难伺候的，有些还是水泥壳板，刨子一推就钝了。最可恶的是暗藏钉子，刨子一推，就是一个缺口。中国传统家具是最讲材质的了，什么黄花梨、紫檀、鸡翅，次一点如榉木、榆木，也讲究统一性。而那时不管，只要是木头，全凑在一起处理，做成的家具木纹对不起来，榫眼也紧不了。

做木工活的好处是明显的，比如说，我的代数成绩一塌糊涂，但几何总能得满分，这跟我无师自通地学会看图纸画图纸有关。再比如，学工劳动时，所有的同学都下车间三班倒，我被厂里的技术员看中，帮他打下手，画一套非常标准的机床图纸。活轻松不算，又学了一门手艺。还有，做上了木工活，吃饭香，睡觉也香，眼瞅着胳膊上、胸脯上的肌肉一块块鼓了起来，叫学校里那帮小流氓不敢欺侮俺。

工作后，在单位里也做过几年木匠，我做过工作台、更衣箱、搭过违章建筑、学会了使用电刨电锯，最痛快的事莫过于放开手脚使用三夹板，赛过叫花子吃酒席，海了去啦。也因为干的活立马看得见，很有成就感，赢来老师傅们的好感不算，还可以在一起混饭吃的小学徒面前恬不知耻地自吹自擂一番。

那时候，家具供应非常紧张，家具店里通常是只有样品，没有供应。而且那时的上海人在结婚时讲究三十六条腿，男方要是缺一条腿，新娘子的腿也不会跨进男家门槛。但上海人素来聪明，房子局促，就螺蛳壳里做道场，变戏法似地搭出二层阁三层阁，布置成一间蛮像样的新房；家具买不到，也难不倒俺上海人，自己动手，丰衣足食。于是，整个上海滩打响了一场做家具的人民战争，不少业余木匠在游泳中学会游泳。在我居住的那条弄堂里，就有不少手艺很了得的“鲁班弟子”，与他们接触，不仅可以借到一些特殊的工具，技艺也突飞猛进。

我有四个哥哥一个姐姐，自制家具就体现出了必要性和迫切性。当他们先后成家时，我为三个哥哥每人做了一口书柜，还将自己新做的书桌送给了姐姐。最近迁居新家，我将儿子房间里的一套家具送给了最小的哥哥，了却多年的心愿。这套家具虽然不是我做的，但图纸是我精心绘制的。最大的特点在于书柜里的阶梯式隔板，可以前后放两排书，后排略高，露出一截书脊，便于检识，这是我从党和国家领导人与大型会议代表合影中受到的启发。而且，错层隔板还增强了耐压力，不易弯曲。我还打算为这个发明申请专利，在此先透个底。

此外，我还为家里做了两张床、一张八仙桌、搭了一个阁楼。至于凳子、箱柜之类的小件，就不好意思再表功了。

木工是一门好手艺，它的优越性在我谈朋友时充分体现出来了。我作为毛脚女婿第一次见过丈人阿爸，并没引起他老人家多大好感。后来他得知我是鲁班的私淑弟子后就发了调头：做一对沙发。受命于考察之际，我死心塌地奉献出几个休息天，精心设计、精心施工，并以坚守百年大计，质量第一的心态，终于做成了一对弹眼落睛的沙发，连沙发套都是我在缝纫机上一脚上一脚下踩出来的。老丈人是从小闯荡上海滩的手艺人，我根本骗不了他。当他坐在沙发上使劲地颠了颠屁股后，露出了满足的微笑。至此，我心里一块大石头终于落地，这份考卷算是及格了，当晚与女朋友外出看印度电影《大蓬车》，并KISS。

但我没想到的是，这份考卷还有附加题。女朋友的哥哥姐姐不比我少，他们在认真考察了“老丈人工程”后，立即流露出继续考察的强烈愿望。于是我又接连牺牲几十个休息天，做了两对沙发（含茶几），两口装饰柜，一只喇叭箱，还为女朋友的大姐搭了一间违章建筑，同时又为女朋友的娘舅做了一对沙发（含茶几）、并参与搭建了一间二层阁楼。

令人感到欣慰的是，每当我在阳台上赤膊短裤、背负骄阳努力劳作的时候，女朋友就会送来汽水、递上毛巾。于是，单调乏味的锯板声听起来就像“娶你、娶你”。由此说，我在女朋友家中的地位是建立在刨花堆上的。

当时，上海业余木匠做的家具真是五花八门，各种式样连自己也说不清。但上海人一向是注意细节的，比如家具的脚就很讲究的，有老虎脚和调羹脚，后来还有人做出了内翻马蹄脚；拉手也是，先是有树叶状的，后来又出现香蕉形的。最有代表性的是所谓的捷克式。谁也说不上真正的捷克式有没有，有的话又是怎样的式样，反正在那时的捷克式，有一个明显的符号：家具的侧板突出于面板，并在上下三分之一处以一个三角型向前面突出，中间的门板再加一根贯通左右的横档，四只脚是外翻的，上粗下细。后来又出现了钢琴式，外型与捷克式差不多。

这种式样以今天的眼光看是要笑翻人的，但当时是一种时尚。

等到我自己成家时，家具供应的紧张局面还没有缓解，但总算可以凭结婚证订到一套，一年半后到货。住房紧张的局面只能自己解决了，于是，将并不宽敞的房子一隔为两，半间做了新房。我为自己做了一口书柜，又利用隔板做了一张装饰柜。后来书籍多了，又在阁楼隔板上挖出两个口子，做成两个书柜。现在这两个柜子还在，每次到老家抬头看一眼年轻时的杰作，就会为置死地而后生的巧思惊叹：我当初怎么就那样聪明！

再后来，我分到一间在浦东的新房，为自己设计了一个挂壁式书柜，结构非常科学，布局非常紧凑，既可以陈列图书，又可将空调做在里面，这一典型案例充分体现了上海人在逼仄空间中对每一寸面积的充分利用和对生活的美好追求。再后来，我们搬到田林地区。装潢之初，民工不按图纸做，随心所欲，浪费了不少材料。我也不多说，当着他们的面捡起一根木条，不画线就脱手锯出一个45度角，两截一对，不偏不倚对成90度角，让大手大脚的民工领教了我的基本功，从此不敢“拆烂污”（沪方言，不负责任的意思）。

俱往矣，物质短缺的时代过去了，我们不再需要自己打沙发了，不再需要搭阁楼了，心灵手巧的上海人，学习鲁班好榜样，在人民群众蚁集大城市的窘迫状态下，继承并发扬了南泥湾精神，不靠天不靠地，只靠自己两只手，将清苦的日子过出盎然的诗意，在打造城市精神的今天，上海业余木匠的先进事迹值得总结。

我在朝鲜度蜜月

周月囡／文

现在的年轻人流行旅行结婚或到国外观光度蜜月，以增加新婚的浪漫和甜蜜。半个世纪前，我的新婚蜜月也是在异国他乡度过的，但是与现在时尚的旅行结婚不同，我当时去的是刚刚经受过战争磨难的朝鲜。

新婚的作者（右）和丈夫（左）
1957 年 9 月在朝鲜

我为什么会不远千里从大城市上海到朝鲜去度蜜月呢？这是一个与众不同的故事。当时正值青春年华的我，与一位志愿军军官一见钟情，通过近两年的书信来往，我们于 1957 年 4 月在上海结婚。丈夫是一位英文翻译、敌工干部。可是，新婚没有几天，部队就来电报，说有紧急任务，要他立即回部队。我虽然依依不舍，但作为一个军人的妻子，我可以理解，也应该支持。我帮他整理了行装，还买了喜糖，让他带回朝鲜分送给战友们，分享我们新婚的喜悦和幸福。

过了三个多月，我突然接到一封

从朝鲜志愿军机关寄来的军邮，打开一看，是一封部队首长让我去朝鲜度蜜月的邀请信和一张“中国人民志愿军军官妻子入朝证”。信里，首长热情地说：“上次你和小王（我丈夫叫王乾德）结婚没几天，因临时有任务我们把小王叫回部队了。你们没有度上蜜月，这次补上，你到朝鲜来和小王度一个正正规规的蜜月，这一定是很有意义的。我们期待你早日到来！”收到这封军邮，我真是喜出望外，几天没有睡好觉。几千里的路程啊。我一个小女子单身前往，的确是一个考验，我心里还真有些胆怯。但我别无选择。我不能辜负部队首长的一片深情，不能辜负丈夫的战友们对“军嫂”（那时好像还没有这个称呼）的关心；更不能让新婚的丈夫失望，这种失望只有处于新婚期的夫妇才可以理解。于是，我顾不得家人的劝说，大包小包地整理了好几天，还购买了上好的糖果、花生、瓜子、糕点和香烟，足足装了好几个旅行袋，就这样，我踏上了去朝鲜度蜜月之旅。

几经辗转到了部队，丈夫见到我，紧紧地握着我的手。眼前的部队营房，的确够简陋。一间房不足15平方米，住好几个干部。因为我来了，人家搬走，让我们入“洞房”。第二天一早，部队首长就来看望我，问我路上的情况，告诉我晚上还要为我举办欢迎会。晚上，欢迎会真的很隆重。部队首长讲话，丈夫的战友们发言，多数是夸奖我丈夫，也对我美言不少。我把带去的东西都倒在桌上，可派上大用场了。有了糕点、糖果和香烟这些“高档”东西，欢迎会的喜庆气氛增加了不少，会场也开始活跃起来，部队的同志们你一句，我一句；你一个问题，他一个问题，弄得我们来不及回答。问得最多的是：“你一个上海纺织女工，怎么会爱上一个远在国外的志愿军？”这个问题，既是对我的调侃，也是他们拐弯抹角地在向我讨教“恋爱经”。我说，我是在荣誉感、报恩感、翻身感和敬仰感这“四感”再加上爱情的驱使下，嫁给我丈夫的。我是一个从14岁起就在纺织厂做童工的女工，解放后我们工人阶级地位可高了，所以我有了强烈的翻身感和报恩感；志愿军是“最可爱的人”，我敬仰志愿军，能做他的妻子，我充

作者和朝鲜大嫂的合影

满了荣誉感。在场的同志们听得认真，看上去，我的回答对他们也有所启发。

时间过得真快，一个月过去了，蜜月也该划上一个句号了。但部队首长和同志们一再挽留我。一方面，我是盛情难却；另一方面，我也想在新婚丈夫身边多待几天。于是，我就留了下来，这一留又是一个月，蜜月成了“双蜜月”。难怪我从朝鲜回厂后，到厂部去续假，厂里的同志半真半假地说：“你是丈夫、孩子热炕头！”即便受了批评，我心里还是甜蜜蜜的！

在朝鲜两个月时间里，我除了为人妻之外，还和志愿军干部战士们一起，帮助朝鲜老百姓和泥修房子，帮助朝鲜老百姓秋收。在劳动过程中，我体会到志愿军对朝鲜人民的深情，真是做到了爱护朝鲜的一山一水，一草一木，战时流血牺牲，战后帮助建设。在劳动中，我结识了好多朝鲜大娘大嫂，他们见我干起活来那么利索，有点意外。我告诉他们，我是苦出身，从小天不亮出门，去帮大人料理庄稼活，所得的也很难填饱肚子，有时就去人家地里拾弃之不要的稻穗和地下未挖净的小薯块，聊以充饥。所以，农家的活我并不陌生。和朝鲜大娘大嫂熟悉了，她们邀我去家里坐坐。走进她们的家，真是顿生感慨。不大的土墙茅草顶的屋子，分两间，一间是灶间，烧饭烧水，烟和热量就走灶道，通过房间里的土炕，从烟筒里冒出去了。这样烧饭烧水的同时，炕也热了。除了灶间以外，另一间就是起居间，家庭生活就在这一间里做“道场”。到她们家里，只能入境随俗，脱鞋盘腿坐在炕上，这个“土暖气”，坐在上面还蛮舒服。炕上放有一张小桌子，既是饭桌，也是“通用件”。她们端出一大铜碗冷水放在我面前，让我喝水休息一下，不知为什么，我这个平时不喝不烧开的水，更不喝冷水的城里人，一下子喝了半碗，别说这水还真有点甜味。我在朝鲜大娘大嫂家里作客，正巧被路过的部队摄影记者碰到了。他一定要为我和朝鲜大嫂拍照留念。于是，就有了这两张十分有意义的照片。一张是我穿着朝鲜大嫂的服装拍的；另一张是我和朝鲜大嫂一起拍的。就是这两张我珍藏了半个世纪的照片，让我难以忘怀我和朝鲜人民结下的跨国友谊。

其实，我和朝鲜大娘大嫂的情感，不是一时的冲动，也不是“作秀”。而是我从志愿军干部战士那里听到种种感人的故事，所积淀而成的深情。在行军作战中，每到宿营地，只要有朝鲜大娘大嫂的地方，她们第一件事就是为志愿军烧好热炕，烧好热水，给志愿军端上热水洗脚。等志愿军睡下了，大娘大嫂就把志愿军们鞋子里的鞋垫取出来烘干，好让战士们第二天脚下舒舒服服的上路。要是部队小整休，那么，洗衣洗被缝被的任务，都是大娘大嫂抢着包下来的。即使天寒地冻，她们也是拿着一根木棒锤，到河边去边锤边洗，在没有洗衣皂的困难条件下，她们就这样把志愿军的被子衣服洗得干干净净，还按朝鲜的生活习惯，把衣服上浆，穿起来笔挺。有时部队行军或穿插向敌人进攻，粮草跟不上，大娘大嫂宁可自己饿肚子也要让志愿军吃饱。有时部队打了胜仗凯旋归来，大娘大嫂就会想尽办法、动足脑筋犒劳大军。她们会拿出自己舍不得吃的马交鱼干，还有朝鲜特产泡菜，加上黄豆芽汤和白米酒。盛饭盛菜的碗都是黄铜制品，筷子也是铜的，摆上小桌子也蛮像样的，大家都吃得很高兴。志愿军战士们给我讲的这些真实的故事，深深地感动了我。我怎能不对这些丧子丧夫的大娘大嫂们肃然起敬！怎能不对她们产生深深的感情呢！

两个多月的“双蜜月”结束了，我回到上海，到了车间，小姐妹们在上班生产之余，都围我而坐。我告诉她们部队领导和干部战士对“军嫂”的尊重和关心；告诉她们我在朝鲜的所见所闻；告诉她们我和朝鲜大娘大嫂的深情厚谊；告诉她们我为朝鲜老乡重建家园也流过汗水；告诉她们……而小姐妹们问得最多的是：“你怎么会和一个远在异国他乡的志愿军结婚”；“怎么一个从来没有出过远门，连在上海晚上出门都害怕的人，敢于走这么远去探亲?”……她们不知道，这次到朝鲜，我还有一个最大的收获，那就是回国后不久，我就有了身孕，这是我在朝鲜度蜜月期间带来的“种子”。所以，当孩子出生以后，我和丈夫给他取的名字里带有一个“谊”字，意即：中朝人民的友谊！

半个世纪前的朝鲜蜜月，是我终身难以忘怀的记忆。在第58个中国人民志愿军抗美援朝纪念日来临之际（注：10月25日为中共中央于1951年8月28日决定的“中国人民志愿军抗美援朝纪念日”），我特写下这篇文章，以志纪念。

北方赤色之剑

——鲜为人知的“北京特科”

穆玉敏／文

沉睡在战备柜里的珍贵资料

我是偶然发现那一箱子档案的。那年我参加北京警察博物馆的筹备工作，只要和历史沾边儿的东西都是我搜集的目标。那是被叫做“战备柜”的绿色铁皮箱，里面“锁”着他们——北京特科。

或许，战备柜里的东西根本谈不上是档案，只是一些零星记忆。由头是，1980年5月，中共中央成立了中央党史资料征集委员会，第二年8月就把健在的上海中央特科的“老情报”们请到北京开座谈会，请他们帮助搞清党史上一些重大问题，回忆没有被党史记载的事件。会上，来自上海的情报精英人物吴成方提了一条线索，他说，1931年6月20日，上海中央特科的陈赓从上海到了天津，通过胡鄂公找到他，交给他一个任务，在北方组建上海特科的下属地方组织。他即在北平组建了“北京特科”，并展开了卓有成效的治安保卫情报工作。

吴成方的话令与会者大为惊奇，人们都知道周恩来领导的上海特科或者中央特科，那是中共最早的情报间谍机关，却从未听说过“北京特科”。于是“北京特科”就成为这次座谈会的最大收获。

会后，中央党史资料征集委员会委托北京市公安局调查北京特科的来龙去脉。北京市公安局党史、公安史办公室主任于行前接到任务后，带着几位老警察去调查。

让他们没想到的是，这基本上可以说是一个难以完成的工作。中国共产党当时处在幼年时期和地下状态，特别是情报工作，往往是口口相传，不留书面文字，北京特科严格遵守周恩来的指示："不与党的地方组织发生联系，单独进行情报、兵运、保卫、锄奸等活动"，活动极为保密，再加上北京特科仅存在了短短的几年时间，亲历者和知情者很少，所以，调查进行得很缓慢。

但是，他们并没放弃，费尽周折，走遍全国 14 个大城市，查阅 100 多卷历史档案，找到了 43 名北京特科成员，最终认定吴成方和他领导的北京特科的确在当时白色恐怖中的北方秘密活动了近五年。

于行前和几位老警察带着抢救的历史而归，却因故没能把获得的稀缺资料整理成册，实现填补党的情报战线一段空白的愿望，致使刚挖掘出来的北京特科史实，又被长期锁在战备柜里。

我怀着崇敬的心情打开战备柜，里面的资料大多是"老情报"们的被访记录，虽然支离破碎，却弥足珍贵。

1982 年 12 月，公安部主持北京和天津市公安局有关同志参加会议，研究调查北京特科历史。图为与会同志合影（二排右三为于行前）

我费了很大的劲儿，最终把那些零星记忆串成一条连贯的脉络，又参照党史、公安史等，惊奇地发现，那是一个由一些赤胆忠心的共产主义战士所组成的隐秘机构，他们受在上海的党中央和中共北方局领导，利用各种方式获取情报，选派得力人员打入敌人内部，著名的红色间谍潘东周，还有小说《红岩》里华子良的人物原型韩子栋，都是北京特科的谍报员。

我已经拂去历史尘埃，无权再让北京特科躺在历史深处，因为那条连贯的红色脉络上，除了一宗宗惊心动魄的历史事件，更有一个个崇高不屈的英灵，他们虽不为人知，却始终默默地注视着现在，以先贤的目光。

上海特科被毁，陈赓北上组建北京特科

1931 年 4 月的一天，乔装打扮的陈赓，由上海登上了开往天津塘沽的一艘英国客轮。顾顺章的叛变，虽然在钱壮飞的暗中努力下，上海党中央未被一网打尽，却也损失惨重。陈赓是特科的情报科长，又和顾顺章一起在苏联“契卡”受过训，为防不测，周恩来命他立即设法转移天津，到北方去开展革命斗争。

陈赓身穿灰色丝绸长衫，深色绸裤，脚蹬一双崭新的布鞋，脸上是商贾贯有的似笑非笑。随行的还有他的妻子王根英和 3 岁的儿子知非，王根英扮成“老板娘”。“账房先生”是陈养山，还有一个叫张麻子的“帮工”。

陈养山是周恩来特意安排的随行，肩负两个使命，一是护送陈赓一家安全到达天津。顾顺章叛变，处境最危险的是周恩来和陈赓，周恩来避走广州前，叮嘱特科身份没暴露的陈养山，一路确保陈赓的安全。二是跟随陈赓到北方继续搞特科工作。《陈赓大将》一书记载：“当时，以天津、北平为中心的北方党组织连续遭受严重破坏，有许多党的负责同志被捕。党派陈赓和陈养山去天津，给予三项任务：一、营救被捕的同志，了解他们被关在什么地方，有何办法可以营救；二、研究在天津能不能建立特科性质的工作，以保卫党组织的安全；三、清查叛徒，了解哪些叛徒对党威胁严重，必须加以镇压。”

客轮驶离上海的时候，陈赓站在船舱外，任长衫在海风中飘飞，虽然他脸上带着温存，内心却充满焦虑。顾顺章的叛变，使上海党组织遭受了空前的劫难，恽代英、蔡和森等党的领导遭杀害，武汉方面的情报关系也全部被破坏，未被捕的同志大都撤离，上海党组织陷入瘫痪状态。

陈养山担心船舱外陈赓的安全，劝他回舱内。陈养山的身份虽没暴露，但却耳闻目睹了上海党组织的遭遇。解放后，这位中共情报战线上的精英回忆这段血雨腥风时说，因为顾顺章叛变，“党的组织均遭破坏，到 1935 年，上海的保卫组织已不存在”。

“帮工”张麻子周到地照顾着王根英娘俩，不离左右。张麻子也是革命党人，因为熟悉天津的情况，被周恩来指派保护陈赓一行。

担心年幼的儿子知非淘气，王根英紧抱儿子不撒手，与陈赓结成伉俪后，在协助陈赓工作中，她已经适应了与特务周旋的生活，锻炼得更加勇敢机警，两年中曾搬过五次家，但这次离开故乡上海去遥远的天津还是第一次。

在海上颠簸了四天后，客轮到达塘沽。陈赓一行又换乘火车顺利抵达天津，在张麻子的安排下，住进了法租界的交通旅馆，对外称陈赓来天津开商店做生意。

住下后，陈赓马上让陈养山去北平联系胡鄂公。周恩来与陈赓道别的时候告诉他，“到了天津，可以联系北平的秘密党员胡鄂公和杨献珍，他们会帮助你们的。”

胡鄂公也是上海特科成员。中国共产党创办后，胡鄂公即在李大钊介绍下秘密加入了共产党，成为为数不多的秘密党员，也叫特别党员，他利用自己国会议员和教育部次长等职务身份为中共秘密工作。

没想到，胡鄂公在陈赓到天津的时候也动身去了上海。原来，顾顺章叛变的两个月前，中共顺（天）直（隶）省委遭到严重破坏，京津大批共产党人被杀害，安子文、周仲英、陈原道、刘亚雄等同志被捕，关押在天津警察局。周恩来得知后，指示北平的胡鄂公和杨献珍赶往天津设法营救。

胡鄂公和杨献珍多方努力，得到了刘少白的鼎力支持。刘少白也是中共秘密党员，他在任河北省建设厅秘书长和北洋政府国会议员期间就曾掩护和救助了许多共产党员。刘少白立即从北平赶到天津，动用上层关系活动。刘少白的理由很充足，遭被捕的党员中，有他的女儿刘亚雄和女婿陈原道。

在刘少白的努力下，最终使天津警察局松口，让刘少白“拿五千块大洋来就放人!”刘少白赶快把这一消息告诉胡鄂公，胡鄂公立即动身回上海向中央特科汇报并筹集营救款，故而与陈赓失之交臂。

化名“王同志”的陈养山又设法与留在天津的杨献珍联系上。杨献珍当年住在天津大同公寓，他得知陈赓来天津后很高兴，马上把陈赓和“王同志”秘密请到自己住处。接上关系后，为了方便工作，陈赓指示陈养山留在大同公寓与杨献珍同住。不久，杨献珍到北平送情报时不幸落入魔爪，出狱后与“王同志”再没见过面，直至半个多世纪后、北京市公安局党史办公室主任于行前辗转找到杨献珍了解这段经历时，杨献珍方知当年和自己同居一室的“王同志”就是后来大名鼎鼎的陈养山时，不禁哈哈大笑。

杨献珍向陈赓汇报说，因为中共顺直省委被毁严重，天津已不具备重建条件，所以，新的中共顺直省委在北平刚刚成立。

对于这个情况，陈赓多少感到有些意外，他本想把天津作为立足点开展革命工作，看来，事情有变，计划得相机调整。

胡鄂公带着赎金从上海返回天津后，与陈赓见了面。陈赓告诉胡鄂公，自己此次来天津的任务是在北方建立一个与上海中央特科同一性质的地下组织。

陈赓对胡鄂公说："特科的要求特殊，还请你在北方帮助物色合适的人选。"

"什么条件适合呢?"胡鄂公问陈赓。

"最好是在特委和军委里工作过的同志，他们地下工作经验丰富，能最大程度发挥作用的同时减少党的损失。"

胡鄂公第一个想到了吴成方。吴成方是湖南新化人，1926 年加入中国共产党，曾任中共中央特委华北政治局保卫局局长和中共北京市委书记，胡鄂公是北京市委所属的"特别支部"的秘密党员，受吴成方直接领导，深知吴成方是出色的领导者。

吴成方受命创建北京特科

作为中共顺直省军委的特派员，吴成方刚刚结束石友三部队的兵运工作回北京，胡鄂公就找上了门。

胡鄂公把陈赓来天津的目的告诉了吴成方。吴成方当即表示全力协助陈赓在北方开展工作，并跟随胡鄂公直奔天津。

在法租界交通旅馆陈赓的住处，陈赓紧紧握着吴成方的手，"吴成方同志，我这次带来的任务很艰巨啊！全靠你和北方的同志们了！"

接下来的几天里，陈赓和吴成方就组建北方特科细致地进行了研究。吴成方希望特科建立在北京，因为他对北京的情况很熟悉，工作基础厚实。陈赓表示同意。陈赓到天津后，多方了解天津和北京的情况，认为特科建在北京比建在天津更有利。一则，原来设在天津的中共顺直省委几乎被毁，原地恢复困难太大，并且，新的中共顺直省委也建在了北京；二则，北平虽失去了首都的地位，但各种资源依然雄厚，比在天津开展情报工作的优势明显。

在讨论机构名称的时候，吴成方问陈赓："这个组织叫什么贴切呢?"

陈赓想了想说："苏联叫政治保卫局，要不，正式名称就叫北方政治保卫局。因为属于上海中央特科的下属机构，内部就称北京特科。"

吴成方表示赞成，"好！"又问陈赓："谁来领导呢?"

陈赓回答："北京特科直属中央特科，所以，由周恩来同志领导。"

陈赓向吴成方明确了三项工作：一是搞特殊的军事活动，组织北方红军；二是搞特殊的政治活动，联合各政治派别孤立蒋介石；三是千方百计搜集敌人情报。

告别陈赓后，吴成方立即回北京着手物色组织成员。

他首先联络到肖明。肖明是湖南省新田县人，原名肖鸣，早年留法勤工俭学，1922年加入中国共产党，在北方从事工人运动，曾参加二七大罢工。抗日战争时期任中共中央北方局宣教委员会书记，解放战争时期任中共察哈尔省委城工部部长、敌工部部长。北京解放后，历任中共北京市市委工委书记，市总工会主席、市政协副主席等职。1959年病逝。

肖明欣然同意做吴成方的搭档，二人又找到了周怡。周怡与吴成方是北平国民党陆军军医学校的同学加同乡，与吴成方一样，有一颗追求革命的心，抗战时期曾任八路军驻重庆办事处处长。

就这样，以吴成方、肖明和周怡作为核心力量的北京特科成立了。在陈赓的指示下，吴成方、肖明和周怡三人分头秘密发展物色人员，壮大组织。

吴成方首先把原中共北京市委隶属的“妇女支部”书记张玉琴发展为特科成员。张玉琴是个耿直的女性，因上司粗鲁、武断，1929年，她一气之下脱离中国共产党。吴成方深知她本质好，有做革命工作的基础，故而吸收为特科成员。张玉琴参加特科后，又把原北京妇女支部的韩桂琴（韩幽桐）带进了特科。

肖明则动员曾与自己一起反对过王明的赵作霖（赵梅生）、王定南（王佐宾）加入特科。赵作霖和王定南都曾经是北京市委的领导成员。肖明还把自己的妻子赵铃（赵师昭）以及刘继曾、冀丕扬、吴化之、朱其文、袁静等一起共过事的人争取过来，作为特科的工作关系。

吴成方在领导中共北京市委所属的“特别支部”工作时，发展的成员很多都是北京上层社会知名人士。吴成方从中选择了有工作条件的张祝堂、许兴凯、毛俊可、吕一鸣为北京特科工作。

周怡与张友渔、阮慕韩、韩子栋、李澄之、郝任夫、王新民等人分别建立了单线联系，把他们定为北京特科的工作关系。韩子栋就是小说《红岩》中疯老头华子良的原型。张友渔后来成为北京特科的正式成员，解放后担任全国人大法案委员会副主任、法制委员会副主任、宪法起草委员会副秘书长、中国社会科学院副院长、中国政法学会副会长、中国法学会会长、中国政治学会会长等职。

北京市公安局的于行前当年去采访张友渔的时候，张友渔回忆起那段难忘的经历后，难抑激动情绪，提笔写下了“北方赤色之剑”六个字，勾勒出北京特科在北京云谲波诡、错综复杂的特殊环境下，采取非常的革命手段，在历史烟云里留下一尊挥刀断索的凛然形象。

完全仿照上海中央特科的模式

陈赓向吴成方布置任务的时候说：“周恩来同志要求开展工作要根据具体情

况办事，绝不能执行打倒一切的政策，广泛联合华北的爱国力量开展工作。”

北京特科

張友漁題

张友渔题字

吴成方根据这个原则，开创了党在北方工作的新局面，他甚至在敌人各个部门发展特科工作关系，把情报工作做到了国民党省党部、宪兵司令部、中央军分校、北平市警察局、法院、市政府、电信局等部门。

这个工作模式和上海中央特科的模式完全一样，甚至，专门负责营救与复仇工作的“打狗队”的名称也和上海中央特科的一样。

北京特科的“打狗队”也叫红队，负责营救被俘的领导同志，并铲除叛徒。特科通过关系搞到五支手枪，专门请来一位朝鲜籍的军人教授“打狗队”练习枪法。还从国民党西北军骑兵第四师张华堂的部队物色了一个叫马登科的神枪手。传说马登科的枪法好到不用瞄准，抬手就能打下飞鸟。

但是，这个在乡野如鱼得水的马神枪手，却怎么也不能适应北京城里的大马路和小胡同，一到了车多人挤的繁华街道就转向，几次执行暗杀任务都不顺利。

不满足于单薄的手枪，北京特科又通过关系，从国民党南方军工厂买了一些炸药，“打狗队”队员装扮成国民党军官，乘火车软铺，把炸药安全运到了北京。

至于北京特科暗杀叛徒的行动究竟成功没有，我没有查到确切的资料记载。但我愿意相信是因为特科的纪律守口如瓶，事件不留记载，而事实也是特科严格要求每个成员不得与地方党组织发生任何联系，独立自主寻找有条件、有能力的同志为特科工作。在组织活动上更是特别强调单线领导，不准发生横向关系。

北京特科的秘密工作地点设在北京西单绒线胡同西口的春秋书店。这是一个二层小楼，楼下除了卖公开发行的书籍外，也秘密出售被国民党禁止的进步书刊。楼上则是特科情报人员的秘密工作点。

从这个春秋书店里走出很多党的优秀儿女，韩子栋和潘东周是其中的典型代表。韩子栋正是在北京特科的历练下才成长为特殊材料做成的钢铁战士，在深牢大狱里书写出一段名垂青史的传奇。

潘东周也是北京特科精心物色的红色特工，为粉碎敌人的反“围剿”立下奇功的他暴露身份后，把蒋介石气得暴跳如雷。

争取“变节分子”为党工作

发生在1934年的“泄露军情通红军”案曾轰动一时，蒋介石不顾张学良求情，下令处死红军特工潘东周。潘东周究竟受谁委派潜伏在张学良身边，一直是历史之谜。直至于行前他们受命调查数年，世人才知潘东周与北京特科的渊源。

吴成方在法租界交通旅馆见到陈赓的时候，陈赓对他说：“周恩来同志的指示精神是，咱们与阴险、狡猾的敌人打交道，在不损害党的利益的原则下，什么方式都可以采取。”

吴成方点头说：“我明白。”

吴成方的魄力是具有开创性的，在物色打入敌人特工机构人选的时候，他想到了那些曾被捕，写过悔过书声明脱离中国共产党，而又没出卖组织和同志的“变节分子”。于是，潘东周和杨青林就被他纳入了视线。

潘东周（号文郁、问友，笔名冬舟）博学多才，他毕业于莫斯科中山大学，是王明的同学，与博古有着很好的关系。在1928年7月共产国际召开的六大会议上，潘东周担任周恩来和邓颖超的翻译。回国后，做了李立三的秘书。

正当潘东周前途充满光明的时候，王明取代了李立三，把持了中共的领导权，潘东周不幸成为他排挤的对象。原因是王明记恨潘东周。

王明从莫斯科回国后，在潘东周主编的中共中央机关报《红旗》做编辑。在莫斯科过惯了安定生活的王明，低估了中国的白色恐怖，经常出入上海繁华场所，被租界的巡捕盯上并抓住审查。

巡捕让王明弄一笔钱来就放他走，脱逃心切的他立即写信让巡捕送给潘东周，这完全违反了地下斗争的纪律，把中共中央置于危险境地。

潘东周接到巡捕送来的信后，立即稳住巡捕，迅速出后门向中共中央报了警。中央火速通知所有被王明知道地址的同志转移，以防中敌圈套，遭到破坏。

巡捕没从潘东周那里拿到钱，自然没马上释放王明。王明被共产国际保释后，受到党内警告处分，他不检讨自身过错，反而对潘东周怀恨在心。他报复潘东周的方法是，在顺直省委遭受严重破坏，北方的环境十分险恶的时刻，把潘东周贬到顺直省委担任宣传部长，导致潘东周在北京被捕入狱。

潘东周写了悔过书声明退党后，被释放出狱，他情绪消沉，闲在北京家中。期间，国民党特务头子戴笠赏识他的才华，劝他与国民党合作，被他婉言拒绝。苦闷中，他闭门钻研学问，潜心翻译《资本论》。

吴成方认为，怀才不遇的潘东周有很好的条件为特科服务，就派特科成员王继之和李光伟分别去做潘东周的工作。王继之和李光伟是潘东周的同乡和好友，他们鼓励潘东周振作精神，继续为中国共产党工作。

潘东周心里有顾虑，但经过慎重思考后，他接受了王继之和李光伟的建议，再次加入了中国共产党。

杨青林（杨俊山）是1928年入党的，任顺直省委秘书的时候被捕，写了悔过书后获释。因为他是一个难得的法官，所以，获释后仍然从事法院工作。在北京特科的动员下，杨青林继续为党工作。在审理一宗“共匪”案件的时候，一个被捕党员变节，把保定地区党组织准备召开的一次重要会议情况出卖给了敌人，杨青林把情报及时送出，保定地区党组织马上取消了会议，避免了一场劫难。

第五次反“围剿”失败　潘东周身份暴露

潘东周决定重新为党工作的时候，杨青林给北京特科提供了一份情报：“九一八”后，张学良的思想陷入苦闷，向身边的工作人员透露，希望能与共产党取得联系，了解共产党的政治主张。

这个情报是杨青林审理案件的时候获取的。他了解到，天津的国民党特务机构每月向南京政府上缴一份工作报告，以换取每人每月八十元的活动经费。北京特科得知这个情况后，指示杨青林打着张学良的旗号与天津特务机构联系，把报送南京的工作报告抄送一份给张学良，也给每人每月八十元的经费，天津的特务机构何乐不为呢，于是，北京特科不仅掌握了天津特务活动的情况，也获取了张学良的思想动态。

吴成方认为这是一条很重要的情况，决定让张学良身边的李渤海从中搭桥，把潘东周介绍给张学良。李渤海原为中共北京市委书记，被张作霖抓去后投靠了张作霖。

潘东周与张学良第一次见面，就博得了张学良的好感，潘东周的博学，特别是对时事的评论，让张学良很折服，认为潘东周是一个难得的人才。潘东周也适时表示了愿意为少帅效力的愿望。于是，当蒋介石任命张学良为豫鄂皖三省“剿匪”副司令的时候，张学良特意把潘东周从北平调到武汉，委任他为机要组的中校秘书，在自己身边工作。

潘东周的学问让张学良很是仰慕，他不但虚心请潘东周讲述马克思的《资本论》，还很认真地听取潘东周关于中共团结抗日的战线、方针和政策等的讲解。特别是，他把潘东周主编的《匪情辞通》作为随身携带的书籍之一。

潘东周之所以主编《匪情辞通》，是因为张学良领导的东北军由华北调到华中“剿匪”过程中，连续遭到徐海东领导的红25军的沉重打击，这让张学良感到不可思议，认为有必要对“共匪”何以如此强大做一番研究和探索。同时，他也思考能不能联共抗日。于是责成“剿总”机要组长黎天才搜集有关中共和红军的资料，黎天才把这个任务交给了潘东周。

潘东周只用了一周的时间，就把中共和红军的有关资料仿照《辞源》的体例编成一本小册子，取名《匪情辞通》，得到张学良的赞赏，张学良亲笔写了序言，印发各部队作为工具书。

取得张学良信任后的潘东周，利用工作便利，把国民党豫鄂皖三省“剿匪”的军事行动情报及时传给北京特科，北京特科又立刻报给红军作战前线指挥部。潘东周的情报对红军摆脱国民党“围剿”堵截，并且出奇制胜起了很重要的作用。

但不幸的是，中共第五次反“围剿”失败，潘东周提供给红军的一些文件落入敌手，致使潘东周的身份暴露。蒋介石急电张学良，立即把潘东周抓起来，并且催促张学良抓紧结案。张学良认为潘东周是个有用的人才，想方设法想保住他的性命，甚至让潘东周在蒋介石的一个别墅里讲述国际共产主义运动历史。

但蒋介石不为所动，命张学良限期处死潘东周。爱才的张学良下不了手，电复蒋介石，为潘东周求情，“这个人通六国语言，很有才华，这样的人，中国还极少”。招致蒋介石严厉斥责。担心张学良作伪，蒋介石指定参谋长钱大钧监视处决潘东周。

潘东周牺牲后，中共北方局特科联系张学良的线从此中断。1949年武汉解放后，周恩来亲自发电报到武汉，指示一定要找到潘东周的家属，并作为烈属对待。

发动、支持冯玉祥抗日始末

日本不断加快侵略中国的步伐，而蒋介石却无视国内抗日热潮，继续调军“围剿”红军，中共中央决定顺应民心，策划抗日反蒋的军事行动。北京特科决定促成冯玉祥出山，待时机成熟后，带头领导反蒋抗日斗争。

北京特科的意向也正合冯玉祥之意。冯玉祥与阎锡山联合讨蒋失败后退居在山西汾阳峪道河，过着下野后的失意生活。但是，东山再起的雄心犹在，他

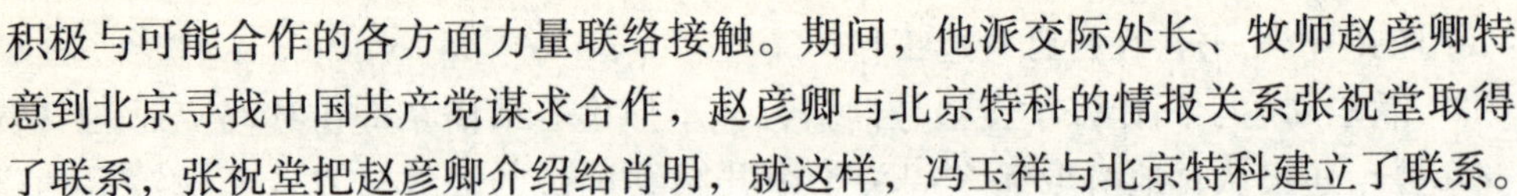

积极与可能合作的各方面力量联络接触。期间，他派交际处长、牧师赵彦卿特意到北京寻找中国共产党谋求合作，赵彦卿与北京特科的情报关系张祝堂取得了联系，张祝堂把赵彦卿介绍给肖明，就这样，冯玉祥与北京特科建立了联系。

得知冯玉祥的想法后，北京特科派肖明和张祝堂去山西找冯玉祥。动身前，吴成方与肖明商定了与冯玉祥面谈的几条原则：打出抗日旗帜联合各党各派，共同抗日；指出冯玉祥只有与共产党合作才有出路；如果冯玉祥同意军事上合作抗日，还要向他明确不得“附蒋分共”。

冯玉祥见到肖明和张祝堂很是高兴，留他们一住就是五天。肖明 1926 年由苏联回国后，曾在冯玉祥的国民联军总司令部任政治部副主任，深受冯玉祥的信赖和赞赏。交谈中，肖明晓之以理，动之以情，坦诚相告，中共中央完全有能力帮助他站出来领导抗日反蒋行动，最终促使冯玉祥与中共重又携手合作。

那五天，对冯玉祥的影响很大。肖明走后，冯玉祥曾对人说：“我们知道得太少了。过去不但对于国际的形势不了解，就是对于国内的形势了解也很不够，更没有作过仔细的分析，这怎么能够打倒蒋介石呢?”

在达成联合反蒋抗日一致意向后，冯玉祥与北京特科确定了长期密切的合作关系，冯玉祥派赵彦卿长住北平，作为与北京特科的联络人。冯玉祥还利用自己的影响，指示其西北军旧部对共产党和红军以朋友相待。在往来接触中，冯玉祥彻底接受了北京特科的意见，等待时机，站出来号召全国人民奋起抗日救国。

为了支持冯玉祥筹备反蒋抗日，北京特科派赵作霖、王芾南前往冯玉祥的汾阳军校协助工作。在汾阳军校任职的贾振中、周茂兰也都是中共党员，军校师生随后成为察哈尔民众抗日同盟军的骨干力量。

“九一八”后，全国人民的抗日情绪高涨，东北一些地方组织起抗日义勇军，北京特科认为时机已到，要赵彦卿转告冯玉祥，请他在中华民族危亡的时刻挺身而出，中共将竭尽全力支持他。

1932 年 10 月 9 日，冯玉祥到达张家口，开始了实行抗战的准备活动，他令赵彦卿赶去北平通知肖明，火速派人前去协助他共同进行抗日组织活动。

北京特科一方面马上动员宣侠父、武止戈、许权中和张存实去张家口帮助冯玉祥策划抗日。另一方面，由于北京特科干部匮乏，向党中央和中共河北省委请求增派干部到张家口。再三催促下，中共河北省委派出了张慕陶和吴化之到冯玉祥部协助工作。肖明也亲自去了张家口，在那里主持成立了由北京特科领导的“特委”。为了宣传张家口的抗日活动，“特委”还创办了由朱其文任主编的《抗日阵线》报。

12 月上旬，日寇调集大部兵力准备进犯热河。与此同时，日寇向山海关守军发动攻击，在占领山海关、九门口之后，即分兵三路向热河进犯。为了争取各方的支援，冯玉祥分电两广胡汉民、陈济棠、邹鲁、李济深、李宗仁、白崇禧和在上海的国民党中委程潜、李烈钧等募集军饷，并对胡汉民、李济深等表示，不顾蒋介石压制，决心依靠各方支援，发动旧部和民众武装实行抗战。

1933 年初，北京特科领导人吴成方专程去上海，向中央汇报帮助冯玉祥建立察哈尔民众抗日同盟军的过程，请示下一步的工作意见。他在上海等了一个月，迟迟得不到明确的答复。此时已经到了 3 月，日寇攻陷热河，华北军队多数将领主战，二十九军宋哲元部在长城喜峰口、罗文峪重创日寇，全国人心为之大振。身在张家口的肖明催吴成方速回，早已等不下去了的吴成方立即回到北平，按照与冯玉祥协商的方案，在北方寻求帮助力量。

在一次与全总华北办事处负责人饶漱石会见时，吴成方要求中央驻北方代表派干部参加察哈尔民众抗日同盟军的领导工作。饶漱石把柯庆施推荐给吴成方。吴成方马上介绍柯庆施代表北京特科去张家口冯玉祥处工作。柯庆施到了张家口以后，组织了中共前线委员会，即“前委”，自任书记。“前委”成立后，立即取消北京特科的“特委”，并且改组肖明创办的旗帜鲜明抗日的报纸《抗日阵线》，更名为《老百姓报》，任命陈伯达为主编。

蒋介石害怕冯玉祥抗日，数次催促他离开张家口往南京，冯玉祥表示：宁为抗战而死，绝不离开张家口。由于张学良引咎辞职，何应钦代行北平军分会委员长的职务，他秉承蒋介石意旨多方阻挠抗战，造成察北、张北和张家口等地在日寇压境下陷于惊慌混乱之中。冯玉祥感到，力挽狂澜的时刻到了。

在冯玉祥的号召下和北京特科的多方奔走推动下，冯玉祥的旧部吉鸿昌、孙良诚、高树勋、张凌云、方振武各路武装力量先后到达张家口，十余万人的抗日同盟军同仇敌忾，蓄势待发。

5 月 24 日，盘踞多伦的日伪军进攻沽源。因沽源守军无人负责指挥，纷纷后撤，日寇进占沽源，察哈尔省危在旦夕。张家口各界及各军驻张代表集议，时机迫切，奋起抗战，刻不容缓。各界代表立即组成了察哈尔省民众御侮救亡大会，经大会决议，组织民众抗日同盟军，公推冯玉祥为总司令，领导实行民众武装抗日斗争。26 日，冯玉祥宣告就职，通电全国，并发布了誓师抗日的动员令。

当天，冯玉祥宣布张家口实行军事戒严，方振武派部队占领了张家口警察局，将武装警察全部缴械。在取得宋哲元的谅解以后，冯玉祥以察哈尔民众抗日同盟军的名义，撤销了许墉的察哈尔省代主席兼民政厅长的职务，委派佟麟阁为察哈尔省的代主席，吉鸿昌任察哈尔省警备司令。

冯玉祥任命吉鸿昌为北路前敌总指挥，吉鸿昌率部出征，收复了宝昌、沽源后，又浴血夺回了沦陷七十多天的多伦。

察哈尔民众抗日同盟军在前线节节胜利，后方的北京特科全体工作人员昼夜繁忙，各地派往张家口参加抗日同盟军的党员干部要在北平落脚，再通过北京特科秘密护送到张家口，把特科忙得不亦乐乎，他们先后接待护送了400多名党员干部。

面对察哈尔民众抗日同盟军向前迅猛发展的形势，蒋介石急忙动员各方势力向冯玉祥施压。与此同时，执行王明极左路线的“前委”竟提出在察哈尔民众抗日同盟军内部发展红军，进而在华北创建新苏区，实行土地革命。这就改变了北京特科最初与冯玉祥合作抗日的协议。大敌当前，当务之急是抗日，更何况，冯玉祥当时接受的是北京特科“里红外不红的西瓜”政策，而不是里外都红的“胡萝卜”政策。

冯玉祥不让步，“前委”竟不顾战局，指责“冯玉祥始终是我们的阶级敌人!”并发动群众罢工、罢市，举行反对冯玉祥的示威游行，进而公然喊出了“打倒冯玉祥!”的口号，客观上配合了蒋介石、汪精卫蓄意取消察哈尔民众抗日同盟军的行动。蒋介石在劝说无效的情况下，调动了十五个师的兵力“围剿”察哈尔民众抗日同盟军。冯玉祥陷入内外夹击，孤立无援的境地。无奈，宣布下野。十几万察哈尔民众抗日同盟军最后只剩下方振武和吉鸿昌所部一万五千多人，又遭何应钦勾结日寇夹击，最终被彻底葬送。

联络、发动、策划抗日同盟军的北京特科的全体同志，对这一惨痛结局非常痛心。难过之余，他们深感王明极左路线的危害。然而，他们没想到，推行王明路线的“前委”，把察哈尔民众抗日同盟军失败的责任归咎到北京特科身上。由于河北省委向北京特科推荐的干部张慕陶到了张家口后，提出“联日反蒋”的主张，遭到大家唾弃，“前委”把张慕陶的政治主张强加给北京特科。

为此，中共上海中央局命令北京特科领导人吴成方、肖明和刘继曾前往上海说明情况。吴成方和肖明到达上海后客观叙述，指出“前委”的结论不实。

吴成方和肖明被召到上海，实际上是被解除了北京特科领导人的职责。很快，上海派姚蓬子（姚文元之父）接替了北京特科的领导权。姚蓬子出师不利，到北平十多天，还没来得及开展工作，就在去天津的路上被逮捕了。他供认自己在上海参加了“左联”，但并未供出此次来北平的目的，也没出卖北京特科。

姚蓬子被捕后，北京特科的工作由周怡暂时负责。留在上海工作的吴成方心里放不下北京特科的工作，向组织推荐季明（季步飞）来北平协助周怡开展工作。但由于北平的形势恶劣，季明到北平刚与周怡联系上，也被捕押到了南京。

1934年秋冬，对北京特科来说是残酷无情的。周怡、张玉琴被上海中央局调去工作后，开创北京特科的老同志一个都不剩了，北京特科改由李光伟负责。11月7日，北京特科成员李光伟、杨青林、刘子奇、袁国振、陈红、鲁克明、冀丕扬、贺善培、宋兰坡、陈东阜、阮慕韩、沈一平、佟子实、李雪飞、姚文秀、冀文广、龙殿林、贺林、郝任夫、李澄之、隋灵壁、王慎明（王恩华）等20余人突然全部被逮捕。原因是潘东周的暴露。潘东周在蒋介石亲自下命令遭逮捕后，北京特科很快被查出与潘东周的派遣关系，随即，北京特科遭受了毁灭性破坏，各地党组织也遭受了沉重打击。这是国共两党间谍战中中共损失空前的一次。

为了捣毁北京特科，国民党北平当局几乎出动了河北省党部、北平警察局、宪兵三团等全部军、警、宪、特力量，捕获了北京特科全部人员。经过紧张的侦审后，李光伟、刘子奇、杨青林、陈红、袁国振、沈一平、鲁克明被押解到南京。随后，杨青林、刘子奇被杀害于南京雨花台。刘子奇的妻子陈红在监狱临盆，产后惨死狱中。

从创立到被毁，短短几年时间里，北京特科全体成员怀着崇高的信仰和大无畏的英雄主义精神，利用所能利用的条件，出生入死，果敢机智地为党做了大量艰苦卓绝的工作，很多人没能等到革命胜利的那天就为理想而献身。由于环境残酷，性质特殊，相信北京特科成员人数绝不止上述搜集到的这些，北京特科成员的名单也许永远是残缺的。我们更相信，北京特科依然有不为人知的往事沉睡在那段轰轰烈烈的红色岁月里。

京剧《奇袭白虎团》的风雨历程

沈鸿鑫 / 文

一、诞生于战火纷飞的朝鲜战场

1957年底，周恩来总理访问朝鲜，并到志愿军司令部看望官兵。当时，志愿军政治部有一个京剧团，活跃在朝鲜战场上。这个京剧团的前身是在东北各地卖艺的戏班，东北解放后，他们集体报名参了军，成为“四野”的一个部队京剧团，抗美援朝战争开始，他们被编为志愿军京剧团。这个团的主要演员水平都不差，如殷宝忠是谭富英的门生，方荣翔乃裘盛戎的弟子。周总理观看了志愿军京剧团演出的传统剧目《秦香莲》后对他们说：你们不久就要回国，用什么向祖国和人民献礼呢？京剧团的同志进行了认真的讨论，决定搞一个反映抗美援朝战斗生活的戏，后来选定了《奇袭白虎团》。

它取材于1953年7月朝鲜金城战役中志愿军侦察排副排长杨育才的真实英雄事迹，参照了《志愿军一日》中的有关文章。当时美国侵略者与李承晚纠集十万兵力，以王牌军“白虎团”，在金城一线强势出击，实施其北进计划。杨育才奉命带领侦察班，化装为敌军，像尖刀一样直插敌人心脏，捣毁了白虎团指挥部，确保了金城反击战的全线胜利。这个战役“十二万敌军一袋装”，震惊了中外。1957年6、7月间，京剧团的同志下部队详细了解战役的情况，采访了杨育才和团部苏政委、侦察班战士等当事人，回来后即开始编写剧本。剧团里没有专职编剧，就由演员李师斌、方荣翔、李贵华执笔，后殷宝忠也参加了。这个戏完全忠实于真人真事，戏编好后，请杨勇司令员、作战处同志以及参加过战役的同志观看，请他们提意见。之后在朝鲜战场演出了许多场，效果很好，很受指战员的欢迎。

1958 年 10 月，志愿军京剧团撤军回国，就把这个戏带了回来，在大连、青岛等地演出，很受欢迎。1958 年 12 月，京剧团并入了山东省京剧团。

1963 年 9 月，中央文化部向各省、市、自治区文化局发出通知，准备于 1964 年 3 月在北京举行部分地区京剧现代戏会演，后又决定推迟至6 月举行。

1963 年秋天，山东省先期举行了全省的现代戏剧会演，经过加工修改的京剧《奇袭白虎团》和由淄博京剧团、青岛京剧团合作的《红嫂》等参加演出，获得好评。省委决定进一步重点加工《奇袭白虎团》，委派了省委宣传部部长王众音、副部长严永洁领导这项工作。

这次重点加工，做了几件工作，一是加强创作力量，调来了专业编剧孙秋潮、导演尚之四及新音乐工作者。还组织创作人员和演员下部队深入生活，再次访问了当时已到济南军区工作的杨育才同志和王团长等，并与侦察兵一起训练擒拿格斗。

剧照之一：侦察英雄严伟才

二是丰富、充实剧作的内容。为了突破真人真事的局限，把杨育才改名为严伟才，戏中增加了表现与朝鲜人民亲密关系的内容，原来，朝鲜阿妈妮和崔大嫂戏份很少，旦角戏极为薄弱，加工后使之贯串下来，并加重了旦角的唱工，在侦察班插进敌人心脏之前，增加了侦察的情节。

三是在艺术表现方面进行加工打磨，重点是舞蹈和武功方面的加工。为了突出侦察班穿插敌后的武打技艺，借鉴、吸取了传统京剧《雁荡山》里的某些表演技巧。还请省歌舞团的同志帮助设计舞蹈动作，使严伟才和侦察班战士的武打和舞蹈动作更加新颖、壮美，特别是对“插入敌后”及“奇袭伪团部”这两场的武打场面，进行了精心的加工，无论是攀山越崖，跃过铁丝网，穿过布雷区，直插敌心脏，其舞蹈、开打，无不精彩、洗练、惊心动魄。另外对全剧的音乐也进行了整理和加工。

四是为了更好地塑造英雄形象，对演员阵容作了适当的调整。以前扮演杨育才的是老演员李师斌，他唱得很好，但年龄偏大一点，武打翻扑似感吃力。这次大胆起用了优秀青年文武老生宋玉庆扮演主角严伟才，当时他只有23岁。另外，方荣翔扮演团长，殷宝忠扮演志愿军政委，邢玉民扮演韩大年，俞砚霞扮演崔大嫂，栗敏扮演崔大娘。

1964年春，文化部艺术局的周巍峙（全国京剧现代戏观摩演出大会秘书长）和沈西蒙等同志来山东审查剧目，他们看了《奇袭白虎团》等剧目，对《奇》剧给予了充分的肯定，也提出了一些修改意见，基本确定《奇袭白虎团》和《红嫂》两剧进京参加会演。

二、全国观摩演出大会上的风波

1964年6月5日至7月31日全国京剧现代戏观摩演出大会在北京举行。这是一次规模空前的京剧现代戏展演盛会，有19个省、市、自治区的29个演出团体以及各地30个观摩团参加，正式出席的人员达2400余人。共演出35个剧目，244场，观众达20万人次。

《奇》剧在北京人民剧场首场演出时，周恩来总理就来观看；周总理第二次来看演出时，因为接待外宾，来晚了，演出结束，上台接见演员，他称赞《奇袭白虎团》唱得好，演得好，演得真像兵。总理说，你们带了一个好戏来，带了一个好的队伍来。周总理看到舞台布景上写有朝鲜文字，殷宝忠告诉总理，朝鲜过去都写中国字，1952年以后才写朝鲜字。总理说，要尊重他们，要写朝鲜字。殷宝忠告诉总理，布景上的朝鲜字是“泉瑞里”，是朝鲜一个真实的地名。总理说，用真名不大好。（后来改为“安平里”）。总理还说要请朝鲜大使来看。最后，周总理说，我请你们到小礼堂为中央领导、中央工作会议演出。

后来毛泽东、周恩来等领导人在人民大会堂接见了参加观摩大会的全体演出人员和观摩人员，毛泽东分别和周恩来等领导人观看了上海演出团的《智取威虎山》和北京京剧团的《芦荡火种》，周恩来、董必武、陈毅、陆定一等观看了《奇袭白虎团》等剧目。会演期间，周恩来、彭真、陆定一、周扬等为大会作了国际、国内形势等八次报告。

同时，在这次会演中也充满了斗争。这次京剧现代戏会演原是周总理倡导举行的，在整个会演过程，周总理亲自过问，亲自指导。江青为了捞取政治资本，一心想插足其中。1963 年她就到上海所谓“抓创作”，搞《智取威虎山》和《海港》。在北京，她又扼杀了《红旗谱》和《朝阳沟》。这次会演的领导成员中，原来并没有江青，江青到周总理那里去哭闹，后总理安排江青、康生、周信芳为大会顾问，江青、康生参加了领导班子。会演期间，江青发表了《谈京剧革命》的讲话，康生、张春桥也分别作报告或讲话，他们极力兜售“文艺黑线专政”论，极力鼓吹“大写十三年”，并充满杀气地把批判的矛头指向文艺界的领导和京剧老艺术家。他们公开点名批判阳翰笙的影片《北国江南》及《早春二月》、《舞台姐妹》、京剧《谢瑶环》、昆剧《李慧娘》等，把这些作品统统称为“大毒草”，顿使会演充满了火药味。

对《奇袭白虎团》的评价，也成了斗争的一个方面。江青在第一轮第四场演出时观看了《奇袭白虎团》，同来观看的还有陈其通等。当时江青看了演出，说演员很好，演出很好。她又问大家生活情况怎样？剧团汇报说青年演员几十元一个月，江青说：“要像运动员一样的待遇”。后来情况有了变化。第一轮演出后，《奇袭白虎团》反响很好。它在成功运用京剧传统表演程式和身段表现现代战争生活方面，显现出夺目的亮色，而青年演员宋玉庆融老生与武生于一炉的表演和演唱，既有昂扬的激情，又充满军人的阳刚，获得普遍的赞誉，老艺术家盖叫天也称赞演得好。新华社在报道中把《奇袭白虎团》放在《智取威虎山》的前面，作了主要介绍和评论。报纸上也发表了一些赞扬性的文章，戏剧评论家林涵表在《光明日报》上发表了一篇《〈智取威虎山〉观后漫笔》，文章谈到杨子荣在座山雕面前匪气不足，容易引起座山雕的怀疑。对《奇袭》的评价高于江青抓的《智取》，而且有人对《智取》说三道四，使江青大为恼火。在一次领导小组会议上，江青责问新华社“为什么这样宣传?”江青又拿出《光明日报》，说：“我这儿还有一篇文章，也是捧一个戏，压一个戏的，要不要给你们读读？他们这么想干什么?”她还气势汹汹地责问：“是坐在正面人物一边，还是坐在反面人物一边?”时任中宣部副部长、文化部副部长林默涵是观摩大会负责宣传工作的，他连忙说：“新华社和《光明日报》的清样都送给我看过，我认为基本符合事实，没有考虑压谁，捧谁，就同意发了，这事不能怪新闻单位。”江青这才没有追问下去，她又回过头来对山东代表团团长严永洁说：“这样搞不好么！小严，你感觉怎样?”严永洁说：“我们的戏还不成熟，我们的队伍很年轻，我们来北京，是向兄弟省市学习的。”

接着，江青、张春桥又组织文章围攻林涵表的文章，还组织北京京剧团的

《智擒顽匪座山雕》、北京人民艺术剧院的话剧《智取威虎山》和上海京剧院的《智取威虎山》三个同样题材的戏同时演出，企图以上海的《智取威虎山》来打压另外两个剧目，打压《奇袭白虎团》。就这样，江青从开始对《奇》剧持好评，一下子转变成打压的态度。7 月 17 日，周恩来总理安排《奇》剧到小礼堂为中央领导演出，许多中央领导都来了，但毛主席没有来，江青也没有来。后来知道江青安排在另外一个剧场组织的一个晚会，演出上海的京剧《智取威虎山》，她把毛主席拉到那儿去观看演出了。由于各种原因，在观摩大会期间，《奇》剧始终未能请毛主席观看。

剧照之二：崔大嫂（左）和崔大娘（右）侦查敌情

三、江青千方百计把《奇》剧窃为己有

江青虽然想打压《奇袭白虎团》，但是《奇》剧在专家和观众中获得一致好评，看来打压很难奏效，于是江青的态度又从“打”转变为“拉”，也就是千方百计让《奇》剧打上“江记”的印章。

观摩大会于7 月 31 日结束，山东省京剧团因为要“磨戏”，仍留北京。但从此，《奇》剧已掌控在江青、张春桥手里。

在修改中，他们加了中朝并肩作战的序幕，还加了朝鲜的参谋长一角，江青也同意了。

过了几天，江青要到北戴河去休养，她到总理那里去，总理说，你去吧，《红灯记》由林默涵管，《奇袭白虎团》由我亲自管。

1964 年 8 月初，周总理安排山东的《奇袭白虎团》和《红嫂》两个戏到北戴河向毛主席汇报演出。行前，总理嘱咐剧团“质量第一，安全第一”，并派专列送他们。到了北戴河，严永洁宣布纪律：不准下海游泳，不准吃螃蟹，以防生病而影响演出。

8 月 10 日，《奇》剧在北戴河中直礼堂演出，毛主席观看了演出。陪同观看的有邓小平、李富春等，江青和李讷也观看了演出。毛主席兴致很高，当听到剧中人物严伟才说“我们必须用革命的两手对付反革命的两手，这叫谈谈打打，打打谈谈”，主席笑了：“这些话不是我讲的么！”演出结束，毛主席上台接见演员，合影留念。8 月 12 日晚，毛主席与朱德、杨尚昆等又观看了《红嫂》。

之后，李讷跑到剧团来玩，大家问她：“毛主席喜不喜欢我们的戏？”李讷说：“喜欢！爸爸讲，山东一下子出了两个好戏，真不简单。”过了两天，江青来到剧团驻地，把剧团同志召集一起，传达说：“主席肯定了你们演出的这两个戏，要我向大家问好！但不要骄傲，戏还要继续修改。主席说《奇袭》没有陈词滥调，要达到声情并茂；《红嫂》要达到玲珑剔透。”毛主席对戏的肯定，使剧团上下受到了巨大的鼓舞。通过毛主席看戏，江青又利用自己的特殊身份，更把《奇袭白虎团》牢牢地控制在自己的手中。

四、“这个戏不经过我，不行！”

《奇》剧被江青收编之后，就开始了旷日持久、没完没了的“修改加工”。

毛主席看过戏后，江青把《奇》剧组继续留在北戴河，说是要加工修改后，请主席再审看。江青说：“严伟才要有完整的唱，要有单场戏。”她又提出戏中朝鲜参谋长不要，因为这一仗主要是我们志愿军打的。这样，修改时就去掉了朝鲜参谋长这个人物。但是，在北戴河，毛主席没有再看《奇》剧。

回北京后，江青命令继续修改。

《奇》这个戏原来是总理亲自抓的，江青中间插了进来。总理是很尊重江青的，戏中有的地方改了，他总是要问剧组江青的意见如何。严永洁把修改稿送给周总理，邓大姐说：“总理不懂戏，你们还是听江青的。”可是江青却反过来说：“谁叫总理插手的？”并且在修改过程中处处与总理作对。《奇》剧回北京后，修改稿在展览馆剧场汇报演出，周总理来看了，总理看到戏中去掉了朝鲜参谋长，觉得很难办，因为他请朝鲜同志看戏时，有这个人物。国庆后，

《奇》剧组回到济南。

总理的意思是几个戏稍作修改都可以拍摄电影，使它们更广泛的流传。总理曾专门开会研究这个问题。严永洁与八一厂商量了拍摄事宜。1964 年 12 月《奇》剧组再次赴京，住八一厂，拍摄电影。可是江青却说："谁叫搞的？小严（指严永洁）迷了电影。"样片出来后，马上被江青否定了，并下命令，《奇》剧暂时不拍电影，回去"十年磨一剑"。于是 1965 年 6 月，《奇》剧调回济南。

到了 1965 年末，姚文元的《评新编历史剧〈海瑞罢官〉》已经发表，江青认为时机成熟，要大力抓"样板戏"了，她下命令把《奇》剧组调到上海来进行加工修改，并要求在半年内完成。这样，《奇》剧组于 1966 年 1 月 3 日抵达上海，带队的还是严永洁。江青把《奇袭白虎团》和《智取威虎山》两个戏一起放在上海的"基地"上搞"样板"，专门成立了两出戏的领导小组，江青任组长，张春桥为副组长，成员有魏文伯、曹荻秋、夏征农、王众音、严永洁等。

这段时间，江青接二连三给剧组作修改的指示，零零碎碎，不知其数。比如"表演区没有光，灯光打不到严伟才脸上"；"搞布景的闹独立，不为戏服务，美术设计不要闹独立性"；"主要人物的唱腔安排，一是每场落脚唱腔要落在他身上；二是要有惊人之调；三是要有成套唱腔"；"四场团长抢了主要人物严伟才的戏了"；"五个俘虏兵位置在中间，不行，中间的位置要让给严伟才"；如此等等。有时还朝令夕改，比如她一会儿说戏要注意中朝关系，一会儿又说，这个仗是我们自己打的。一会儿说要全力突出主要人物严伟才，所有的掌声都要鼓在他身上；一会儿又说，严伟才成了光杆司令了。弄得剧团无所适从。

5 月 27 日，江青又突然提出要看戏，剧组演出了修改后的《奇》剧。江青看了没有一丝笑意，也没有鼓掌。她把魏文伯、曹荻秋找去，大发雷霆，说，"这个戏让他们改坏了，没有按照我的意见办"。并提出"让他们走，马上回山东"。

魏文伯、曹荻秋很同情山东的同志，他们安慰严永洁。严永洁只能给剧团的同志做思想工作，准备回去。可是过了三天，江青把严永洁找去，说："小严，我太性急了，你们还是留下来再改吧！"这时，《奇》剧的布景、道具已经先期运到火车站了，只好再把它拉回来。剧组又留下来改戏。江青吩咐曹荻秋、张春桥，把《智取威虎山》的编剧章力挥、作曲于会泳调过来，参加《奇》剧的修改工作，并命令要在一星期内搞出来。时间紧，压力大，严永洁整整七天七夜没睡好觉，结果栽倒在地上，被送到华东医院，医生说是过度疲劳。

到 6 月 6 日，修改稿改出来了，其实没有怎么大改。正好到上海来开会的谭启龙陪同江青观看了演出。这时"五·一六"通知已经发表，江青已忙于这场政治运动。这天看演出时江青又说又笑，又鼓掌，说："这个戏就这样了，暂时到此为止。剧团回去参加'文化大革命'，然后再改戏。"剧团受尽了折腾，总算在6月8日离开上海，打道回府。

然而，《奇》剧的折腾并没有结束。

1968年9月，江青曾想抛开山东京剧团，由中国京剧院来接手修改《奇》剧。她还不知从哪里听说，《奇》剧中采用的《中国志愿军军歌》的作者周巍峙是叛徒，所以想把这首歌拿掉，特地从上海调来于会泳，让他重新设计音乐。于会泳只好用瞿希贤的歌曲《全世界人民心一条》来替代。这个戏改由钱浩梁饰演严伟才，杜近芳饰演崔大嫂。但是不知是因为查清周巍峙并非叛徒，还是别的原因，江青一直没有审查他们的演出，此事就这样不了了之。

1970年5月，《奇》剧组调北京，准备拍摄电影。那时严永洁已被作为"走资派"打倒了，当然不可能再由她带队了。当时的导演是苏里、王炎、尚之四、殷宝忠，编剧是孙秋潮，音乐设计是成公亮。剧团到了北京，先是修改，以及学习《智取》、《红灯记》拍摄电影的经验。修改较多的是音乐上改用中西混合乐队伴奏。1970年年底，"修改"完了的《奇》剧在北京二七剧场演出，给江青审查。江青看到第五场"宣誓出发"中，只有志愿军，而没有朝鲜人民军的参谋长时，又恼起火来，她在座谈会上说："这是大国沙文主义的表现！"并责问："是谁叫你们这样改的？马上改回来！"而事实上，正是你江青下令叫剧团把朝鲜人民军的参谋长拿掉的。但是秀才遇到兵，谁能和她去论理呢？

剧照之三：插入敌后侦查情况

《奇》剧总算过了关，1971 年初，剧组赴长春电影制片厂拍摄电影。其间因为宋玉庆一度患肝炎，有所停顿，一直到 1972 年 10 月才拍摄完成并对外公映。

五、有功之臣 遭遇厄运

后来被称为“样板戏”的那些现代戏，开始都是由文艺界的编导和演员们创排的，这些戏后来一一被江青所窃取，而那些原创者和有功之臣却绝大多数遭到了厄运。《奇》剧的情况亦如此。

原山东省委宣传部副部长严永洁同志从 1963 年开始就接手具体领导《奇》剧的加工、编演工作，在这个戏上倾注了许多的心血。可是她也是遭罪最厉害的一个。早在“文革”前一段时间，严永洁已经受到江青的猜疑。“文革”开始不久，她即被打倒。接着就开始被批斗，山东还成立了“山东省文艺界炮打严永洁司令部”，淄博也把严永洁拉去批斗。因为说她把剧本送给陆定一，所以 1966 年 12 月被弄到北京，关在文化部，并拉到天安门去游街。那时严永洁还存有幻想，她想这件事张春桥是知道的。后来才知道，把她抛出来的正是张春桥，他曾说：“严永洁跑到陆定一那里去了，拍电影没有通过江青。”于是造反派给严永洁的结论是“反对江青，破坏京剧革命”。后来严永洁被另外隔离，关在一间破房子里。那时她的爱人、原山东省委书记谭启龙同志被弄到青岛去隔离、批斗。他们家里的东西全被抄了，三个孩子，大儿子在北京清华大学读书，小儿子初中毕业，女儿高小毕业，两个孩子跑到青岛一个老同志那里，又碰到大搜查，那位老同志把他们送到北京另一同志家里。后来，康生定谭启龙为走资派，北京不敢留，又送回济南。孩子坐在同学家的门口，同学的母亲是宣传部的处长，她收留了孩子。

1967 年，严永洁被放回济南，关在省京剧团里。造反派夜以继日地批斗她，晚上在排练场，搭起棚子，在方桌上摆一只凳子，叫她跪在上面，戴了高帽子，挂着用细麻绳吊着的牌子，一边斗，一边拳打脚踢。造反派还宣布开除她的党籍。斗得路也不能走，只能在地上爬。有一次批斗会开到夜里 11 点钟，家里只有小女儿在家，严永洁不放心，要求晚上回去，到家时，摔了一跤，手臂也摔成骨折。真是苦不堪言。

接着，严永洁被拉到省话剧团、梆子剧团批斗。有一次被押上大卡车去游斗，她脸对着前面，忽然后面一根大棒打到头上，当场就晕了过去，结果落了个严重的脑震荡。后来，严永洁被放回机关隔离，对她稍为宽待一点。儿子前来探望，两人抱头痛哭。再后来，严永洁被弄到劳改农场去劳动，挑大粪，大概半年多时间。

1968 年 10 月，在党的八届十二中全会上，毛主席讲到谭启龙，于是谭启龙获得了“解放”，被接到济南南郊宾馆，严永洁一家人在一起过了个春节。此后，谭启龙在南郊半天劳动，严永洁仍回农场劳动。1969 年 4 月，党的九大召开，谭启龙被选为中央候补委员，不久被接到北京，在新华印刷厂蹲点。严永洁也回到了机关，但还是没有“解放”。山东省新的领导杨得志司令员派人来看望严永洁，他们看到她住在一间破仓库里，四面漏风，到处是老鼠洞，晒不到太阳。后来给严永洁换了一处房子。

邓大姐去新华印刷厂看望工人时，找谭启龙谈话，看他写的学习心得。邓大姐问起严永洁，谭启龙说她还没有“解放”，仍在农场劳动。

有一天晚上，杨得志司令员到严永洁家里，说周总理来了电话。不久，机关宣布严永洁“解放”。杨司令员派人送她到北京，谭启龙等在车站接她，这都是邓大姐安排的。严永洁入住中直招待所，不一会，邓大姐打来电话问候，严永洁非常激动，在电话里说：“要感谢党，感谢毛主席，周总理!”邓大姐说：“要感谢党和毛主席。”

大概又过了半年时间，谭启龙被派往福建工作，这样，严永洁及家人就跟随谭启龙一起到了福建。

在“文革”中，《奇》剧的主创人员也受到种种的迫害。导演尚之四和编剧之一的孙秋潮被打成“反动学术权威”、“牛鬼蛇神”，横遭批斗。

严伟才的扮演者青年演员宋玉庆则经历了殊多颠沛和起伏。1964 年《奇》剧在全国会演中获得成功，宋玉庆由此一举成名。但是在“文革”风暴的席卷之下，宋玉庆又变成了“修正主义的黑苗子”、“黑省委的红人”、“三名三高的典型”，被关进牛棚，写检查，遭批斗，还经常充当造反派批斗省委领导人的陪斗者。造反派继续上演《奇》剧，只是改了剧本，换了主演。这时，原来《奇》剧剧组的同志鼓动宋玉庆给江青写信反映情况。宋玉庆写了，把信寄给中国京剧院《红灯记》剧组的刘长瑜、高玉倩转交。信果真到了江青的手里，江青读了信，说：“小宋他们在山东吃苦了，把他们调到北京来吧!”于是在 1970 年，把《奇》剧剧组调到了北京，暂时编入中国京剧院三队，开始准备拍摄电影。宋玉庆受到江青的重视，又身价百倍了。让他当了剧团“革委会”的主任，电影拍摄完毕，回到山东，又当上了省文化局局长。

“四人帮”倒台后，宋玉庆少不得要接受审查，又一次跌入了低谷。虽然审查后，没什么大事，但局长是当不成了，又回到剧团做演员，直到 1983 年，

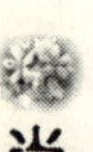

他才获“赦免”，可以以主要演员的身份登台演出。抚今忆昔，宋玉庆不禁感慨系之。

《奇袭白虎团》这样一出京剧，其编演过程竟会如此复杂，如此曲折，甚至充满了刀光剑影。今天回顾这段风雨历程，当会引起我们许多思考吧！

超越国界的抗争

——45 年前九名中国人海外遭政治绑架纪实

胡　逢/文

反华声浪中的飞来横祸

1964 年初春，当时执政巴西的古拉特政府对内采取维护民族权益、限制外国资本，对外奉行不干涉和自主原则，遭到美国白宫嫉恨。在此背景下，巴西亲美派军人和反动政客，奉白宫旨意，发动了军事政变。第二天，美国趁机掀起反华浪潮，企图离间中国与巴西等拉丁美洲国家的友好关系。就在这一天——1964 年 4 月 3 日，巴西政变分子将罪恶之手伸向了正在巴西的九名中国贸易和新闻工作者。

深夜，巴西亲美的瓜纳巴拉州州长拉瑟达的武装军警，包围了巴西里约市东部参议员维尔盖鲁大街一幢 21 层大楼的第 17 层公寓。这里正是我新华社巴西分社所在地，当时在里面的有新华社记者王唯真、工作人员鞠庆东以及临时借住在这里的我贸易工作人员马耀增、苏子平。听到敲门声异常，他们意识到来者不善，就推说今天太晚了，有事明天再说。

但门外军警不依，开始用枪托砸门。

在“砰砰砰”的砸门声中，王唯真和鞠庆东向北京发出如下电讯：

“二日下午，巴西亲美反动军事政变继续进行。……政变分子在‘庆祝他们的胜利’……据此间电台广播，古拉特总统正在去乌拉圭要求政治避难。”

接着，他们又给北京新华社总社发去电文：

“我们一切都好。感谢总社的关怀。如果我们发生不幸，请转告家属不要悲伤。”

但临发前，他们犹豫了一下，还是将最后一句话删了。

我另外五名贸易工作人员王耀庭、侯法曾、王治、宋贵宝、张宝生就住在离这里不远的达曼达莱海军上将街一幢大厦的四楼公寓。事情一发生，王唯真他们打来两次电话，告诉他们那里正在发生的情况。王耀庭他们非常着急，随后王治和宋贵宝想立即去新华社分社探视。但还没走近，远远地就看到王唯真等人头上淌血、脸颊肿胀地被军警带走了，显然，这是遭到毒打后留下的痕迹。

返回住处，愤慨的王耀庭立刻将刚才发生的情况拟了份电报，打算发回祖国。就在电报局人员取走电报后不久，王耀庭等五人也被巴西军警绑架进了警察局。

王唯真他们已意识到这可能是政治绑架。

果然，一到警察局，巴西军警就对九名中国人轮番审讯，指控他们从事间谍活动，当即遭到九名中国人严正驳斥。引起九名中国人警惕的是，担任审讯翻译的竟是台湾特务。这让王唯真他们感到这起政治绑架案后面似另藏阴谋。果然，眼见审讯不出什么名堂，台湾特务开口了，说台湾方面很器重王唯真他们，已经为他们准备好了飞机，只要他们发表一个声明，明天就可以飞往台湾，他们就自由了。

王唯真他们当即表示，台湾是中国神圣领土，他们一定会去，但决不会通过这种方式去。现在他们宁愿牺牲在异国，也不会去台湾。为了表示自己的决心，并抗议巴西军警的政治迫害和绑架，九名中国贸易和新闻人员当即宣布绝食。

巴西军警勃然大怒，又一次殴打九名中国人。之后将他们关进了巴西陆军监狱。

陆军监狱里还关有巴西石油工人、海员、职员和司机，会葡萄牙语的鞠庆东、张宝生和他们进行交谈后，他们对眼前九名中国人被关进来很诧异，说：“巴西人民决不会愿意发生这样的事，这肯定是少数亲美派成员所为。”出于好心，他们还说巴西发生政变后，你们几位中国人应该设法躲避一下。

“我们通过合法手续来到巴西，进行贸易和新闻工作，目的都是为了促进中巴人民的友好。我们的行为光明正大，为什么要躲避呢？”接着，鞠庆东和张宝生就拜托这些异国“狱友”：“你们一旦出去，请设法将我们九名中国人在这里的情况告诉中国政府。也请你们向巴西和全世界揭露巴西亲美派成员绑架迫害中国人的真相。”

九名中国人绝食两天后，巴西军警终于发话：不再胁迫他们去台湾。

维护司法正义的平托律师

两天以后，王唯真他们又被提审，这次审讯他们的是巴西军警调查委员会。这次没有对他们动武，只是要他们填一张表。但遭到了九名中国人的拒绝。他们明白，只要填了这张表，并签上字，就表示要求在巴西“政治避难”。这分明是要他们背叛祖国，他们坚决拒绝。

对方威胁道，如果不填表，就判他们刑。一个翻译还指着九人中最年轻的张宝生说：“不留在巴西，就判你35年!”

这分明已是政治交锋，张宝生的回答斩钉截铁：“我们没有任何过错，巴西当局没有理由判决我们，它敢判，必定会激起全世界人民的反对。”他还进一步指斥道：“你们这是非法绑架!”

“你们在巴西从事‘间谍活动’，有‘颠覆行动’。”

“说这话得有证据!”

于是，在又一次审讯开始时，九名遭绑架的中国人在巴西陆军监狱办公室见到了所谓的“证据”：那是从他们住处搜去的“羚翘解毒丸”、“人丹”、针灸用的金针以及少量的钱币。这次审讯他们的是瓜纳马拉州州长拉瑟达的亲信博希斯，他还别有用心地安排电视直播。当九名中国人在监狱办公室一出现，电视便开始以直播的方式告诉巴西观众：“这就是九名中国间谍。画面中的是毒药、毒针；这是中国间谍用来谋杀巴西军政要人的；这些钱是活动经费……”

九名中国人的巴西辩护律师苏布拉尔·平托在法庭上慷慨陈词

九名中国人用目光和简短的话语迅速交换了意见，决定由会说葡萄牙语的张宝生通过电视，当场揭穿这阴谋。

张宝生是突然站到电视摄像机面前的，他言简意赅地讲述了这些天来的遭遇。等到巴西军警意识过来，上前阻止时，电视机前的巴西民众已经看到了刚才的一幕。恼羞成怒的博希斯这一次对九名中国人又实施了暴力。

要“证明”被关进监狱已一个多月的九名中国人从事“间谍”和“颠覆”活动，关键是要拿出证据。既然现有的“证据”没有说服力，那就干脆伪造证据。

1964 年 5 月 8 日，巴西军警委员会弗朗萨上校举行记者招待会。他在会上出示了一把声称将被交给法庭的“从中国人的汽车里搜出”的美制无声手枪，和一封同样“从中国人的手电筒里搜出的”寄自瑞士的密信……当天晚上，博希斯还让这两样所谓的“证据”在电视中亮相。

1964 年 5 月 18 日，巴西军事当局宣布对王唯真等九名中国人实行“预防性逮捕”。

在此前的 5 月 12 日，曾经发生一件事，让九名中国人知道了他们的抗争决不是孤立的；也让他们想起了巴西“狱友”曾对他们说的“巴西人民决不会愿意发生这样的事，这肯定是少数亲美派成员所为”这句话决非虚言。那天，静谧死寂的监狱里突然起了一阵骚动，随后就见一个巴西军警调查委员会成员领着一位神情凝重、面容严峻的巴西老人来到关押九名中国人的牢房前。老人要求狱方把牢门打开，他要进去说话。这让王唯真他们一开始就对这位老人产生不错的印象。他们不知道老人是什么身份，要进牢房对他们说什么。

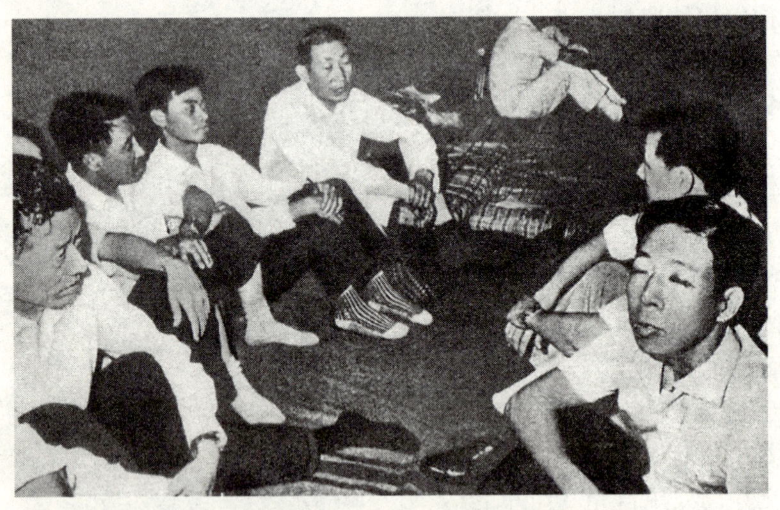

九名遭非法政治绑架的中国人在巴西狱中

老人进入牢房后，首先向被非法拘押的九名中国人作了自我介绍：“我是巴西律师协会主席平托博士，我是一个虔诚的天主教徒，也是正义的朋友，司法的维护者；一切无视事实、蹂躏法制的人都是我的敌人。我相信你们无罪。我愿意免费为你们辩护。”

接着，老人又告诉九名中国人，自打他们被抓后，许多正直的巴西人士和普通公民都找到他的律师事务所，希望他为维护巴西的名誉和正义，站出来为九名中国人洗刷冤屈。

这是自被绑架以来，王唯真他们最受感动的一天。身体被毒打，精神遭折磨，他们没有流泪，面对平托律师正直诚挚的目光，九名中国人的眼睛湿润了。

根据平托律师的嘱咐，王唯真他们将被绑架以后发生的一切，包括几次审讯中的每一句对话，都努力回忆并记录下来，最后整理出一份详尽的材料，提供给了平托律师。平托律师又向法庭提出要求，然后设法从巴西外交部调阅了许多档案材料，进行研究核查。通过这一番工作，平托律师更坚信自己的判断：九名中国人提供的证词证据是确凿的事实，他们无罪；而巴西军事当局提供的所谓“罪证”，尽是谎言和诬陷。

“在任何情况下都不会使亲友失望”

身陷异国囹圄中的九名中国人，此时最思念的莫过于祖国和亲人了，他们深知祖国和亲人也一定在挂念着他们，想知道他们的消息。

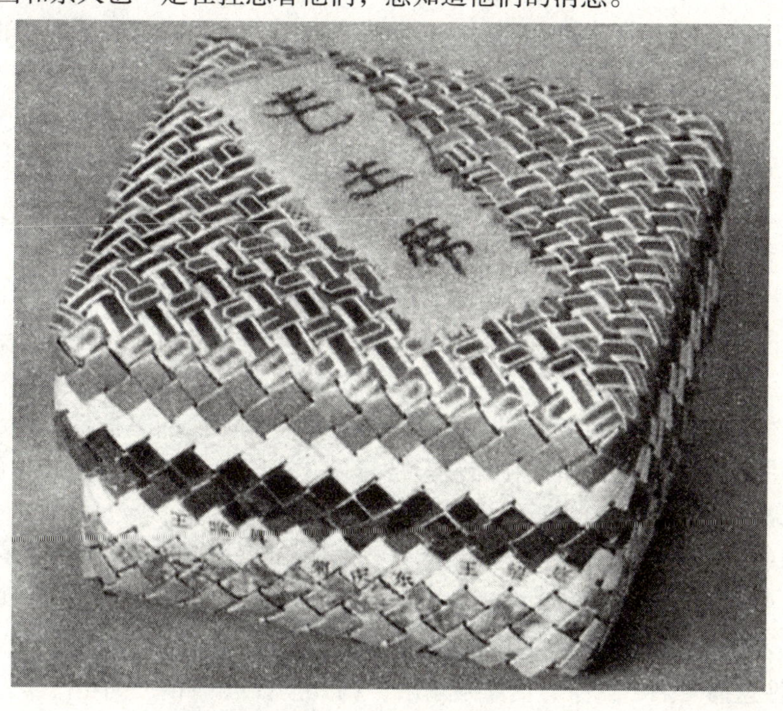

九名中国人在巴西狱中用画报纸编织成小盒，由中国红十字会代表带回祖国，表达他们的思念

通过一次次抗争，1964年6月的一天，他们终于人手一张拿到了由红十字国际委员会发下的长六寸、宽四寸的信笺，只是每张信笺最多只能写25个字。那不是写信，分明是拟电报呵！但不管怎样，通过这薄薄的一纸信笺，毕竟能把憋在心里最想说的话告诉祖国，告诉亲人了。

一个月后的7月21日，北京终于收到了寄自遥远的异国监狱的九名同胞的心声，下面分别是他们写在短简上的话语：

王耀庭："我在任何情况下，决不会使诸亲友失望。"

侯法曾："体质虽弱，能够坚持，信心倍足，定返祖国。"

王唯真："伤好体弱，境艰志豪。祖国亲友同志们：我是多么热爱你们!"

王治："请放心，我们一定会回到北京。"

马耀增："九人同屋，虽苦但身心坚强，定能坚持到返国。"

苏子平："绝不辜负你和亲友们的关怀，我们一定能够返回祖国。"

鞠庆东："伤渐愈，境极艰。绝不辜负亲友的关怀，正义属于我们。"

宋贵宝："狱中条件仅够生存，绝不能摧我意志。"

张宝生："妈：儿等没做违法事，请宽心，是非必明，母子定团圆，深思念祖国!"

身陷异国囹圄的九名中国人的心声传到祖国后，得到了祖国和全世界人民的有力声援，第一批家属代表不久后终于乘上了飞赴巴西的飞机，和王唯真等九人见上了面。

随后，受被绑架的九名中国人家属的委托，以时年78岁的日本著名律师长野国助为首，由日本、阿根廷、印度尼西亚、巴基斯坦、英国、法国、比利时七个国家著名律师组成的国际律师团成立。

国际律师团曾在北京向中外记者发表声明说："我们毫不犹豫地指出，这种审判是一次政治审判。我们断言，进行这种审判的（巴西）军事当局，必将遭到全世界人民的谴责。"

新中国成立十五周年大庆，王唯真等九人是在巴西陆军监狱度过的。他们从巴西的报纸上获悉祖国正在加强经济建设、我国第一颗原子弹爆炸成功……心情无比振奋，勇气和信心倍增。

当然，他们也清醒地意识到，尽管有平托律师的帮助，但形势并不容乐观，当时巴西政局不稳，政治迫害事件频发，大批普通民众遭拘捕，以至监狱人满为患，不得不临时征调船只用来关人。再一不祥预感是，按照巴西法律，宣布"预防性逮捕"后，两个月内必须拿出"调查报告"，如果拿不出就应该立即宣布对逮捕对象予以释放。但现在已过了两个半月，巴西军事当局既没有拿出"调查报告"，也没有释放九名中国人的迹象，而且对后者的造谣污蔑仍在继续。

通过秘密商议，九名中国人决定化被动为主动，为捍卫祖国的荣誉，为争取自由和胜利，决定再次以绝食相抗议，向巴西舆论界发出呼吁。他们甚至已作好了牺牲准备，一一写下遗书和给祖国的诀别信。

巴西军事当局闻讯后果然害怕了，只得拿出一份所谓的“调查报告”，递交给军事法庭提出“起诉”。

为迎接下一步交锋，九名中国人暂缓了此次绝食行动。

二次绝食

1964 年 9 月 4 日是第一次开庭的日子。

出庭之前，九名中国人已预感到异国法庭就是想借“审判”，对他们作出罪恶的判决，以此损害中国的国际声誉，破坏中国同巴西等拉丁美洲各国人民之间发展中的友好关系，为国际上的反华叫嚣助阵。

“我们不是受审者，而是审判者！”

“中国人民早已站起来了。他们任人宰割、任人凌辱的时代一去不复返了。祖国的九个受难的儿子，只有维护她的荣誉和尊严的义务，而没有玷辱她的权利！”

九名中国人事先还起草了一份“声明”，“声明”中写道：“我们今天来到这里，不是来受审判的，而是为了向巴西和全世界正直的人们以及公正的舆论界，揭露一件国际关系史上罕见的政治迫害案……我们希望巴西和全世界知名人士和舆论界，对我们的正义斗争伸出援助之手，帮助我们洗雪我们正在遭受的冤枉，恢复我们的自由和名誉，以便我们能够早日返回我们的祖国——中华人民共和国。”

“声明”写出后，由懂葡萄牙文的张宝生和鞠庆东抄录了六份。

开庭那天，出现在法庭上的九名中国人个个刮净了胡须，梳理了头发，身上衣服打理得干净整洁。他们要以最佳精神状态出现在法庭上。

平托律师此前已拿到九名中国人提供的足以说明事实真相的约 10 万字材料。根据这些材料，再结合自己的调查，平托律师写出了长达 51 页的辩护词，提出了 182 项事实和论证，说明九名中国人清白无辜，要求法庭宣布他们无罪。平托律师指出，逮捕九名中国人完全是一个国际政治迫害阴谋，军事法庭审判的，完全是一个“靠谎言产生、靠欺骗维持的案件”。

事实果如王唯真他们所料，法庭不容九名中国人进行自我辩护，甚至剥夺他们的发言权利。在此情况下，九名中国人拿出了那份“声明”，通过平托律师，将其中四份分发给了出席庭审的记者，一份提交给了法官。

从 1964 年 9 月 4 日至 12 月下旬，共开庭七次，在此期间，曾发生过意想不到的情况，如11月11日上午，巴西陆军监狱指挥官突然来到牢房，隔着铁门向九名中国人宣布：对他们实行分开关押，三人一组，这里留一组，另两组将送至另外两座监狱。

很显然，"开庭审判"期间，这样做可以阻断九名中国人相互之间的联系。

关键时刻，身在异国监狱的九名中国人当然要团结在一起，战斗在一起。

在被军警强行带离时，他们拥抱作别，就在拥抱的瞬间，一个决然的声音已在相互之间传递：绝食！要么在一起，要么牺牲！相互间的目光也在传递着一个坚定的信念：一切为了祖国的荣誉！真理和正义在我们这边！我们一定胜利！

这次绝食行动对九名中国人来说是严峻的：他们已经历了七个月的监狱生活，肉体和精神的摧残折磨，已使他们的身体非常虚弱，绝食每进行一小时，他们都要付出极大的消耗。但他们顽强地坚持着，用意志和肉体抗争……

当绝食进行到五十多个小时后，巴西军事当局慌了。一慌九名中国人不怕牺牲的精神和坚强的意志；二怕正在一浪高一浪掀起的全世界公正舆论的谴责。巴西军事当局最后不得不妥协，把九名中国人重新关在了一起。

在军事法庭上

"法庭上见"这句话的深层含义，其实并不仅仅在于见人，而是见物，确切地说，是见证据。前文已经提及，为指控九名中国人有罪，起诉方曾捏造伪证，如美制无声手枪、寄自瑞士的密信等等。这一拙劣表演在此次庭审中又再现了，只是换了伪证内容。此番提供的"证据"为：新华社向全世界公开发行的古巴民兵照片，起诉方诉称，这是中国人企图在巴西搞武装颠覆；一幅为巴西城区地图，起诉方诉称，这是为了研究巴西地形，想要在巴西搞游击战；还有一张新华社向各国报刊公开介绍的中国古代火箭照片，起诉方诉称，那是中国人在研究新式鸟形火箭，企图毁灭整个巴西……

颠覆云云，纯属荒唐；巴西地图，公开有售；鸟形火箭，更如梦臆。平托律师慷慨陈词，据理力争，最终使起诉方理屈词穷哑口无言。

一招不成又来一招。起诉方不死心，又请出了证人。

证人分别是在新华社巴西分社工作的女工、门卫、大楼房产管理人，以及我贸易人员女邻居。

让起诉方没有想到的是，他们原本想让这些与九名中国人有接触的证人作伪证的，没想到这些证人都很正直，他们出现在法庭上，面对平托律师的提问，坚持说实话。结果他们的出庭，反而成了"被告"证人，证明九名中国人无罪。

与此同时，包括国会议员和政府高级官员在内的17名巴西人士，冒着风险为九名中国人作无罪证明；前总统夸德罗斯也向媒体表明，如果法庭传他作证，他愿意出庭。他还为此写了书面材料，证明九名中国人到巴西举办经济贸易展览是经他合法批准的。

然而尽管这样，12月21日下午二时，在巴西第一军区第二军事法庭第七次开庭后，起诉方还是以强权压真理，要求法庭判处九名中国人每人23年徒刑。

闻听此言，平托律师再也忍不住了，他走到检察官面前，严肃指出："我当了五十多年的律师，从来没有看到这样毫无根据地陷害人。你们这些堆积如山的所谓'罪证'，是我生平所见到的最可耻的东西。这起案件的事实已经很明白，巴西的舆论也很清楚。现在的问题不是你们不懂得怎样判，而是你们不知道怎么向你们的上司交代！"说罢，平托律师又走向法官席，从桌上案卷中拿起王耀庭、宋贵宝、马耀增三人的护照，当场质问检察官："你说这三人在1963年到过巴西米纳斯州会见银行工会领导人，可护照证明，1963年他们明明还没有来巴西！"

法庭顿时一片哗然。

但强权之下，果然无公理可言。尽管法庭最终撤销了对九名中国人"间谍活动罪"的指控，但还是以"颠覆活动罪"判决他们每人10年徒刑。

判决一下，九名中国人当即向军事法庭常设委员会提交了一份书面声明，其中说："我们中华人民共和国九个无辜受害的公民强烈抗议你们委员会的无理判决……""我们宣布：我们要为正义、我们祖国的荣誉，和证明我们的清白无辜而坚决斗争到底。"

同一时间，国际律师团也向全世界发表声明说："九名中国人在法律上是完全无罪的。他们所受的不是审判，而是迫害。"世界舆论也纷纷指出：在美帝国主义指使下制造的这个拙劣的政治迫害阴谋，是"希特勒制造的国会大厦纵火案的再版"。

胜利回国

在全世界正义力量的声援下，在我国政府的严正交涉下，巴西军事当局最后不得不承认阴谋失败，以"驱逐"的名义释放被他们非法关押一年之久的九名中国人。

1965年4月17日，平托律师前往巴西里约热内卢的陆军监狱，迎接九名中国人出狱；并一直把他们送到距市中心几十公里外的国际机场。九名中国人热泪盈眶地和这位正直热情的巴西律师紧紧拥抱告别。

飞机终于呼啸着腾空而起，很快扎进茫茫云端，飞向东方，飞向正展开双臂迎接九名游子归来的祖国和亲人温暖的怀抱……

九名中国人回到首都北京

电影《农奴》背后的西藏记忆

崔斌箴／文

2009年是西藏实行民主改革50周年，关于旧西藏的历史再次成为人们关注的热点。对于年龄稍大一点的人来说，很容易想起上世纪60年代拍摄的一部名叫《农奴》的电影。《农奴》是新中国第一次在西藏拍摄的故事片，也是第一部完全由藏族演员扮演的电影。这部影片真实地再现了旧西藏农奴制下农奴的悲惨生活，被看作是当代电影艺术创作的一个奇迹。

李俊和黄宗江联手打造奇迹

《农奴》电影剧本的作者是黄宗江。黄宗江在中国同时代的文化人当中，是极富传奇色彩的一位杂家。他上过燕京大学，痴迷演剧，当过水兵，写过剧本、散文，还做过文化使者。黄宗江奇，黄宗江一家子也奇，自己戏称为："卖艺黄家。"黄宗江是老大，他的弟妹是黄宗洛、黄宗汉和黄宗英。黄家兄妹四人，都有名气，黄宗英是赵丹的夫人，演过《幸福狂想曲》。黄宗洛就是《茶馆》里的那个松二爷。黄宗汉呢，解放前十几岁就当过宣武区宣传部副部长，后来成为文化实业家。

担任八一电影制片厂编剧之前，黄宗江就因创作《柳堡的故事》、《海魂》而扬名影坛。1959年，平息西藏上层反动分子的武装叛乱后，黄宗江便开始酝酿《农奴》剧本。他先后四次去西藏体验生活，最长时间达半年，采访了许多翻身农奴。黄宗江在西藏感触很多，总有一种创作冲动，想写点什么，但是一直没有找到突破口。有一天，黄宗江在西藏看一个叫《强巴的生活》的活报剧，它由当地藏族群众自己演出。戏虽然有点粗糙，却非常朴素亲切。台上在演戏，台下许多观众都哭了。黄宗江从这个戏里得到启发，也汲取到了力量，他决心把已经酝酿了许久的剧本写出来。

《农奴》剧照

回到北京后，黄宗江开始构思剧本，又苦于找不到令人震撼的线索。有一天，他突然看到报纸上有条消息：一个农奴被农奴主砍伤了，解放军立刻用飞机送他到北京抢救。黄宗江深深地感动了，直觉告诉他这是个好素材，他立即去医院采访。采访过程中，这个觉醒的农奴激动地说了一句话："我现在的手是人的手，现在的脚是人的脚了！"开始黄宗江并不明白，后来才知道这个农奴入院后，护士细心地把他的手脚洗得干干净净，这在他是生平第一次。黄宗江震撼了，在农奴制下，农奴连自己的手和脚都不是自己的，只有解放了，农奴的手脚才成了自己的手脚。《农奴》就要表达这种变化，旧社会使农奴成了哑巴，新社会让农奴开口说话。基本线索定下来，黄宗江前后共写了五稿，光是剧本名字就有《装哑巴传》、《强巴的遭遇》、《铁匠与哑巴传》等三四个。最后，才定名为《农奴》。应该说，黄宗江创作的文学剧本为影片的拍摄提供了一个坚实而出色的基础。对话少，文学性强，银幕感强，充分体现了电影的艺术特性。

1962 年，时任八一厂厂长陈播正在为筹拍国庆 15 周年献礼片的事而寝食不安。当他看到《农奴》电影剧本后，大喜过望，赶紧找来因为拍摄《回民支队》而出名的青年导演李俊。陈播高兴地说："你拍过纪录片《康藏公路》，对西藏比较熟悉。我们商量决定这个片子由你来拍吧，争取成为国庆15周年献礼片。"李俊也被黄宗江的剧本感动了，产生了创作冲动。李俊和黄宗江多次交流想法，最后他们定下《农奴》的影片基调是"于无声处听惊雷"。也就是尽量不让强巴说话，嘴越堵得紧，就越能凸现强巴的性格，说话分量就越重，也越具有震撼力。

李俊导演对将来的影片有了总体感受和把握后，就着手物色摄制组主创人员。摄影李俊选择了韦林玉，在拍摄《康藏公路》的时候两人合作就非常愉快，而且韦林玉镜头感极强，有一股拼劲。美工则选定了寇洪烈，李俊觉着寇洪烈不但业务过硬，而且聪明、投入，应该是一个值得期待的合作伙伴。各路人马配备齐整后，1963年2月，《农奴》摄制组正式成立。

由于《农奴》是国庆献礼片，厂里从物质上也给予大力支持，胶卷可以使用当时最先进的东德艾柯发彩色胶卷。但是摄影韦林玉提出采用黑白胶卷，因为他认为黑白胶卷最能够展示出凝重的基调，而且黑白片有一种历史沉重感。李俊导演经过深思同意用黑白胶卷，因为他对于平叛之前的西藏有很深的感触，那时的西藏是一个暗无天日的社会，农奴的生活的确是黑色的，农奴的心情也是压抑沉重的，在哑巴的世界里，黑白更符合强巴的情绪。李俊导演支持韦林玉的选择，影片实现了一种黑白美的突破。

第一个进入西藏拍摄故事片的剧组

摄制组成立后，外景地的选择颇费了一番周折。开始有人提出在避暑山庄拍摄，这样既方便，又节省经费。如果去西藏则危险太大，在号称"世界屋脊"的青藏高原拍电影，高寒缺氧，交通不便，供应困难，而且此前也没有在西藏拍故事片的先例。李俊导演不做声，只是私下派美工寇洪烈到避暑山庄考察了一番。经过实地考察，寇洪烈觉得避暑山庄与西藏差距太大，西藏的高穹流云、庙宇建筑和风土人情在避暑山庄根本无法实现。寇洪烈是在西藏跌打滚爬过的，对西藏的一草一木都非常熟悉，论证落地有声。李俊也主张将来影片必须符合历史真实，生活细节是绝对不可忽视的。外景地定在西藏，才会让观众感到环境的真实可信。权衡利弊，摄制组党支部决定把西藏作为《农奴》拍摄外景地。

在选择演员的问题上，李俊导演心中有自己的一盘棋。1954年，他曾到过西藏，农奴的苦难是令人震撼的，但是他们依旧那么热情和朴实，这给李俊留下了深刻的印象。他一直想让农奴们以主人公的身份在银幕上诉说自己的悲惨命运，这不仅具有政治意义，而且农奴演《农奴》更能保持原汁原味的西藏风格。演员出身的黄宗江也主张选用一些藏族演员，农奴出身的演员经过一段时间的培训，进行本色表演应该不成问题。

几个重大问题解决后，1963 年 3 月，《农奴》摄制组兵分三路先到甘肃柳园汇合。月初，制片主任王永国率陈力鄂、李健最先到达柳园。李俊、韦林玉、高九龄、寇洪烈、佟翔天、赵松、流虹等主创人员随后到达。摄制组大队人马则于 20 日才到达柳园，三路人员集合后，就开始了穿越青藏高原的长途旅程。开赴西藏的征程非常艰辛，他们要穿越柴达木盆地，翻跃昆仑山、唐古拉高峰，趟过沱沱河，最后才能抵达拉萨。由于沿途人烟稀少，只能在兵站休息，而兵站距离远近不等，开饭也就没了准头，大家经常饥一顿饱一顿。十几天下来，摄制组吃的都是盐水炖辣白菜，见不到半点肉腥。只有到了五道梁兵站的时候，大家才解了一次馋。那天，大家饥肠辘辘，突然飘来一股香味，几名战士端了几大盘子炖肉放在桌上。摄制组人员胃口大开，一顿狼吞虎咽，他们吃了一生最难忘的炖野马肉。

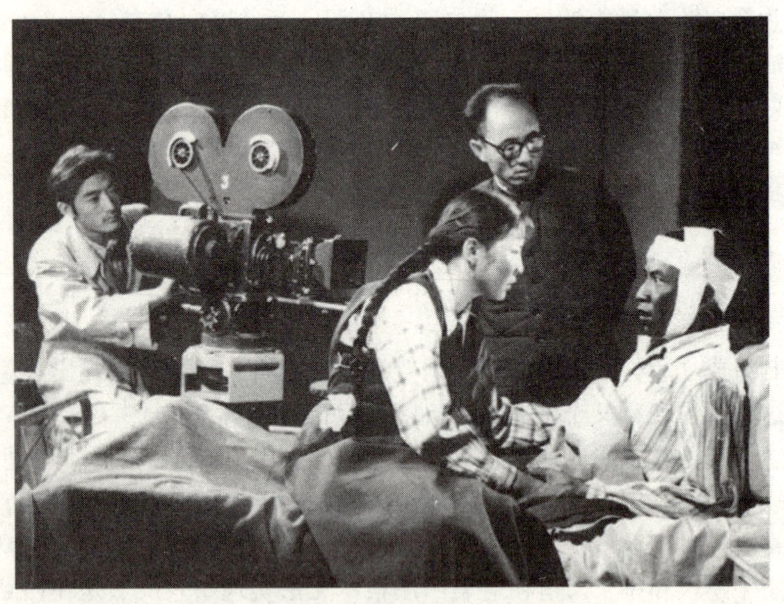

李俊（右二）在给《农奴》演员说戏

路上不仅忍饥挨饿，还要一路面对高原反应，经常有人因为体检不合格而打道回府。摄制组细木工老苏就是因为体检不合格，只能中途返回北京。在穿越昆仑山的时候，摄影助理陈力鄂高原反应强烈，到了藏北地区越发厉害，全身软弱无力，缺氧严重，视觉模糊重影。见到韦林玉时，竟疑惑地问："怎么有三个韦林玉跟我说话？"

起用周总理表扬过的藏族演员

1963年4月，几路人马全部会师拉萨，《农奴》的拍摄工作正式开始。摄制组首先和西藏工委宣传部接上头，开始在西藏物色《农奴》演员。经过一段时间的考察，大家把目光落在西藏话剧团上。团里有一批刚从上海戏剧学院毕业不久的学员，他们的毕业汇报演出剧目《文成公主》还在上海引起轰动，周总理也邀请他们到北京演出。看完演出，总理表扬演员："你们是高原话剧的种子，要在高原上生根开花。"摄制组得知情况大为高兴，马上调看藏族演员的演出。西藏话剧团团长权玉静非常重视，不几日就为藏族演员排练了三个藏语独幕戏。权玉静是汉族人，待人热情，既能说汉语又能说藏语，对于日后《农奴》的顺利拍摄起了不小的作用。独幕戏开始了，藏族演员在台上入戏很快，李俊和副导演赵松等人坐在台下看戏。尽管大家听不懂藏语，但是感觉到藏族演员在舞台上生活气息十分浓厚，表演也很自然。尤其是对于藏族的生活习惯和动作，藏族演员表演起来更是格外出色真实。看完藏族演员的独幕剧，大家心中有了数，对藏族演员产生了极大信心。

《农奴》剧照

对于确定男一号强巴的演员，剧组非常谨慎。这个人物是否能够站立起来，关系到影片的成败。李俊导演提出，这个演员应该过去曾经是个农奴。他不仅外形上高大、粗犷，而且内心十分含蓄、深沉。大家发现刚刚三十出头的旺堆再合适不过了，他除了没有装过哑巴以外，几乎和强巴的经历完全一样——强巴过着颠沛流离的生活，过去旺堆也是为了躲避农奴主的压榨不断逃难；强巴出家当过喇嘛，旺堆也在色拉寺、哲蚌寺当过喇嘛；强巴是解放军扶他上马，共产党让他开口说话，旺堆也是共产党新社会送他到西藏公学、上海戏剧学院学习，翻身做主人。而且，李俊发现旺堆的平时习作很有深度，那副浑厚的嗓音也富有表现力。

旺堆的一切似乎都非常吻合强巴的角色，但是有一点李俊导演仍然放心不下，那就是影片中强巴是个装了半辈子哑巴的人，从头至尾只有一句台词，需要用眼睛来说话。单纯用眼睛来表达人物的内心世界，这对于一个表演艺术家来说都有极大的难度，而旺堆只是一个刚刚出道的话剧演员。李俊对旺堆还是有些没底。但一次小品训练彻底打消了他的担忧。

这是一个叫《我的遭遇》的小品习作。演出时，摄制组还特意请了一些藏族群众来当观众，以观察演出效果。旺堆刚上台时，还有一点局促不安，但很快便进入了角色。他把自己的悲惨遭遇和剧中人物的命运融合在一起，燃起了对农奴主的真切的仇恨，台词像出谷的洪水，滔滔奔流。这时，舞台成了旺堆的控诉讲坛，观众都偷偷地擦着泪水。大家坐在后面仔细地观察着，尽管没有听懂旺堆的藏语，但是旺堆那双满含仇恨、喷吐着火的眼睛却传递了一切。李俊导演也被深深感染了，他似乎完全听懂了旺堆的话语。小品演完后，旺堆的感情还是不能平静下来，长久地沉默着，一言不发。李俊正是在旺堆的沉默里看到了影片中的强巴，他心里已经定下调来，“旺堆眼睛的确会说话，他就是我们物色的那个演员”。

确定小强巴的演员倒是有些偶然。有一天，李俊导演听说拉萨市业余歌舞团正在排演儿童节目，就赶紧过去了，看能不能物色到一位小演员。大家看到一个瘦弱的小男孩，在舞台上表演很投入，尤其是眼神非常独特，像饱经辛酸似的。节目一结束，李俊就走到后台找到那个男孩，用手亲切地摸着他的头问，“孩子啊，叫什么名字?”孩子回答：“我叫旺堆。”李俊心里嘀咕“巧了，我们已经有了一个旺堆，这里又有一个小旺堆。”李俊接着问：“小旺堆，你父母是干什么的啊?”小孩却嘴角一咧，落下泪来。一打听，才知道小旺堆是个孤儿，生下来没吃过母亲的一口奶，也不知道父亲的模样。他父母跟影片小强巴的父母一样，也是被农奴主折磨而死。幸好有位好心的农奴老奶奶抚养了小旺堆，两人相依为命。在小旺堆刚刚会走路的时候，老奶奶也去世了。从此，小旺堆就被农奴主卖来卖去，直到西藏民主改革，他才进了孤儿院。听了小旺堆的遭遇，大家眼睛湿湿的，心里不是滋味。李俊赶紧给孩子说明情况：“我们是来西藏拍电影的，反映西藏农奴翻身的故事。我们想找一个像你一样受过磨难的小演员。小旺堆，你敢不敢演电影啊？”小旺堆眼睛一眨，“敢！不过电影怎么拍啊？”一句话，逗得大家笑翻了天。

不久，小旺堆就被定下来扮演童年强巴。事实证明，大家没有看走眼。在拍摄“小强巴偷吃供果”一场戏的时候，小旺堆一天都没有吃东西。导演问：“小旺堆，怎么不吃东西？”小旺堆回答：“叔叔，我怕忘了过去挨饿的滋味。饿着肚子才演得像，吃饱了就演不好了。”李俊非常感动，对小旺堆说：“这可不行，你饭要吃好，戏也要演好才对啊。以后不能饿着演戏，好不好啊。”后来，小旺堆还被送到上海戏剧学院学习表演，圆了他的演员梦。

《农奴》的主要演员敲定后，其他角色是否也选择藏族演员，摄制组征求了西藏工委宣传部的意见，他们建议都用藏族演员。李俊导演也觉得全部选用藏族演员更有意义，因为翻身农奴演《农奴》有重大的政治影响。从拍摄角度上讲，全部选用藏族演员也有利于协调和配合。为了让藏族演员尽快熟悉电影表演，摄制组还在军区第一招待所举办了一个电影基础知识培训班，从电影ABC讲起。经过一段时间的培训，藏族演员很快都进入了状态。

夏衍出面平息剧本之争

剧组为了把影片拍摄得更加真实可信，还组织摄制组全体演员参观访问农奴家庭、贵族庄园。在罗布林卡的仓库里，大家看到了农奴主对待农奴的残忍刑具，有打嘴、割舌、挖眼、剜心、锯腿、断筋等几十种。还有人头、人皮、人头发、风干了的人手、人脚，用人大腿骨刻成的花纹佛像，用人头盖骨制成的茶碗，人皮蒙成的手鼓等，看后令人毛骨悚然。农奴主不但从肉体上任意割杀农奴，从精神上也严格控制农奴。据说，在旧西藏铁匠不能用别人的碗喝水，不能用人家的锅做饭，不能踏入别人家的门。甚至在阳光下，铁匠也不能把自己的影子和别人的影子重叠起来，否则会使别人“倒霉”。通过参观和深入生活，摄制组获得了许多感性认识，对于把握《农奴》的情感基调起到了至关重要的作用。

摄制组不仅从氛围环境上追求真实感，对于道具服装也要求极为严格。很多服装、道具都是原件，摄制组还把服装道具摆出来邀请当地人参观指点，力求接近历史原貌。有时为了一件服装，大家满街去找，摄制组细节工作做得非常到位。一旦发现有人穿的衣服符合摄制组的要求，就派人尾随其到家中，用新的土布服装换人家的旧服装。有时换下来的服装实在太脏了，而且还有很多虱子。大家就在院子里架一口大锅，烧开水煮旧衣服，消毒处理后再让演员穿。

正当大家摩拳擦掌，准备大干一场的时候，摄制组与编剧黄宗江在导演分镜头剧本上发生了争执。导演分镜头剧本寄回八一厂，黄宗江看后非常不满意，觉得导演分镜头剧本对电影文学剧本改动太大。立即给李俊导演写了一封信，探讨分镜头剧本问题。黄宗江也是一个急性子，还约上副厂长王牧一起飞到拉萨商量剧本问题。黄宗江认为分镜头剧本与电影文学剧本存在差距，应该照原文学剧本拍摄。李俊只有一句话："导演分镜头剧本不是我自己的东西，这是整个摄制组讨论的结果。你能说服摄制组，我就改。"

摄制组和编剧互不相让，工作进入僵持状态。副厂长王牧出了一招，把分镜头剧本和文学剧本交给权威人士定夺。不久，两个剧本交到了夏衍手中。夏衍非常认真，蝇头小楷密密麻麻批了不少文字。最后，夏衍说了一句话，导演分镜头剧本比电影文学剧本提高了一步，再进一步修改润色一下可以按照导演分镜头剧本拍摄。夏衍这个带有倾向性的建议，平息了这场剧本之争。

不久，《农奴》第一个分镜头在拉萨西部的聂当开拍。当时，国家还处于困难时期，剧组的生活很清贫，但大家对待工作却毫不含糊。在拍摄拉萨河边断崖峰顶外景戏的时候，李俊导演顾不得初春的河水刺人骨髓，干脆挽起裤腿站在水中指挥。工作人员还要爬上3800米高的陡坡。山路布满细碎沙石，非常难走。大家只能像螃蟹一样走"之"字形，爬到山顶已是气喘吁吁了。

1954年拍摄《康藏公路》时李俊在布达拉宫留影

当然，摄制组在拍摄期间，体验到的不仅仅是艰辛与劳累，也分享到了西藏独特的风土人情。摄制组所在的西藏军区第一招待所在拉萨河北岸，环境十分宁静。清晨，雾气笼罩着拉萨河，像一层白纱飘然其上，意境非常别致。大家可以到河边跑跑步，呼吸一下新鲜空气。大胆的年轻人还向拉萨河发起挑战。摄影助理陈力鄂和制片吴升远有一天来了兴致，要横渡拉萨河，大家站在岸边给他们助威加油。陈力鄂和吴升远走近深水区时，水已没过腰际，冰冷刺骨，他们开始全身发抖。年轻人火气旺盛，不肯回头。李俊导演见状大喊："你们回来吧，身体要紧！”大家也都跟着喊起来。两个人只好掉头上岸，约好天暖时再来征服拉萨河。

在西藏，大家还学会了喝酥油茶。刚开始的时候，摄制组有些工作人员受不了酥油的膻腥味。一段时间后，大家发现坚持喝酥油茶与不喝茶，身体发生了明显差别，前者身体壮实，精神充沛，后者则体力不支，萎靡不振。最后，摄制组所有人员都学会喝酥油茶，并喜欢上了酥油茶。

有一天，摄制组工作人员还到拉萨郊区观看了喇嘛主持举行的“天葬”。“天葬”是西藏独特的一种丧葬仪式，也是他们的风俗习惯。

摄制组尊重当地人民的宗教信仰，影片很有分寸地把握了《农奴》中的宗教内容，慎重地构思每一个镜头，如老奶奶手握“护身符”却依旧死在河水中，更顿喇嘛因塑佛像而失明等。

邓小平说：“拍得不错，给你一颗烟抽。”

1964年10月1日前夕，《农奴》作为建国15周年献礼片隆重上映，在全国轰动一时，观众好评如潮。有的观众竟连续看了四次。夏衍给予《农奴》高度评价，说它“不仅在题材内容上，而且在整体艺术水平方面也有了很大的提高。”中国影协主席蔡楚生看完《农奴》后则对强巴的表演大加赞赏，他说：“哎呀，强巴的表演真深刻，深得没有底了。”

已经退休的旺堆至今还常常念叨当年那辉煌的日子，他说：“我的一生有三个重大转折，参加革命工作是第一个转折；到上海戏剧学院读书是第二次转折；演《农奴》是第三次转折。《农奴》使我一夜成名，我以后也塑造过许多性格各异的人物形象，但没有一个比得上强巴在我心目中的分量。”

国庆节，《农奴》摄制组被邀请到天安门观礼。长安街上用一辆卡车扎起《农奴》花车，上面有一个强巴的塑像，彩车过时响起阵阵掌声。周总理亲自接见了旺堆，他握住旺堆的手说：“你演得不错，你们以后每年都要来一趟北京，要带来更好的作品。”后来，总理还把影片带到万隆亚非会议上去放映。当年，旺堆和黄宗江随中国电影代表团参加印尼雅加达亚非电影节，陈毅外长亲自选定《农奴》作为电影节的招待影片。各国人民都非常关心西藏翻身农奴的生活，影片在国际上产生了很大影响。

有一天，李俊导演正在下班回家的路上，副厂长王牧追上他说：“中央首长要调看《农奴》，你去汇报一下吧。”李俊肚子里咕咕直叫，他说：“我还没吃饭呢。”王牧说：“到了首长那里还会少了你的饭吃？”李俊就匆匆赶到中南海，邓小平、杨尚昆等中央领导都已经坐在沙发上了。邓小平指了指身后的一个座位说：“你就是李俊吗？坐到这里吧。”李俊就坐在邓小平、杨尚昆身后中间那个座上。邓小平抽着烟认真地看着影片，影片放完后他说："拍得不错嘛。你抽烟吗，给你一颗烟抽。今晚上我们还有重要会议就不留你吃饭了。"杨尚昆也说拍得不错。李俊只记得邓小平给他的那颗烟特别长。回家的路上，他一点也没觉得饿，抽着一支烟就回来了。

电影《农奴》不仅用真实感人的艺术形象，在政治上深刻地揭露了旧西藏农奴制度的反动本质；在中国电影艺术史上也占有独特的地位。影片中人物对话极少，主要靠画面和音乐来说话，也就是李俊导演追求的"于无声处听惊雷"，造型及画面极富雕塑感。直到20世纪80年代，《农奴》还作为重要电影样本被专家学者解读分析，其拍摄手法也被新的导演不断学习。周晓文导演曾说过，他最喜欢的中国影片只有一部，那就是《农奴》。中国人没有忘记《农奴》，世界也没有忘记《农奴》。1981年，《农奴》捧得马尼拉国际电影节金鹰大奖。1994年，《农奴》获国家民委颁发的少数民族"腾龙奖"纪念奖。

犹太富豪哈同遗产争夺之谜

马长林／文

1931年6月20日，上海《申报》在“本埠新闻”栏刊出了一条引人注目的新闻：

爱俪园主人哈同，于昨日下午五点零五分病逝，享年八十三岁。其病系气喘，起因于去年秋季，惟至今年初春时即已见愈，迨至本年三月十五日旧病复发，其势转剧，至十八日即卧床不起，先后延聘医生客脱·勃劳姆托克诊治，均未见效，延至昨日遂与世长辞。

哈同，这个上海滩上赫赫有名的地皮大王，自1873年来到上海，在上海租界度过了将近60年。60年中，他从最底层的洋行门房做起，以犹太人独有的精明和勤俭，通过鸦片买卖和房地产生意，积聚了巨额财富，被称为远东第一大富翁。据当时统计，哈同拥有的财产中，其不动产部分，计有土地460余亩，像永安公司（现在的永安百货）、新新公司（现在的食品一店）都造在哈同的地皮上，各种房屋1300多幢，其中除了爱俪园（即哈同花园）和一些办公大楼、旅馆饭店等，住宅房屋，仅慈厚里、慈永里、慈淑里等“慈”字打头的石库门里弄住宅就有20余处。有人说哈同拥有半座上海城，亦不算太夸张。当年上海的房地产价格之高在世界上也是屈指可数的，凭着这份不动产，哈同与同时期的世界级富翁洛克菲勒、福特相比，也不会逊色多少。至于动产，有价值百万英镑的金碗、金杯、钻石、翡翠、珍珠等，不计其数。1909 年哈同夫人罗迦陵被清朝隆裕太后之母老福晋认作干女儿，成了当时皇太后的干姐，罗迦陵高兴之下，在宫廷里逢人便赠礼，阖府为之动容。哈同去世留下的巨额财产，在昔日不安宁的上海滩自然会引来各方觊觎。从哈同的养子养女到他的管家，再到其远房亲戚，甚至在哈同死去十年后，连汪伪政府、侵沪日军，都围着哈同留下的亿万遗产，各自施展计谋，展开了争夺，由此引发了一起旧上海金额最大的遗产纠纷案。

第一份遗嘱

1931 年初春时节，哈同的私家花园爱俪园中，腊梅花正吐露着春意，但早春二月的上海依然寒气逼人。本来哈同对这种时节兴致很浓，每天早晨起来会到园中走一圈，享受这冬春之际特有的韵味。但自上一年秋天气喘病发作后，他明显感到自己的体力大不如前，每天只是坐在书房里，愣愣地望着窗外，这对哈同来讲是莫大的痛苦。看着自己不断衰老，哈同常常会回忆起自己走过的路，想着身后事。他在上海这个异国他乡拼搏多年，37 岁时才成家，同一个带有法国血统的中国女人罗迦陵结了婚。四十多年来，夫妻两人情投意合，更主要的是，自娶了罗迦陵后，哈同的家业和名声不断扩展。遗憾的是，罗迦陵没有能给他生下一个子女。哈同知道，生老病死，这是上帝的安排，是无法避免的，自己一旦升天后，这庞大的财产如何安排，倒是个问题。于是他同罗迦陵商谈起遗嘱

哈同夫妇与养子女合影

的事。

因为自己没有小孩，哈同先后领养了乔治、罗弼、斐利浦、罗意、梅波儿等11个外国孤儿为自己的养子女，把他们供养在爱俪园中，让他们读书。而罗迦陵也学哈同的样，领养了罗友兰、罗友三、罗友启、罗友仁、罗馥贞、罗慧秀等九个中国孤儿作为自己的内侄子女，供养在身边。从亲疏关系来看，养子女的地位要比内侄子女高一等，而且从哈同内心来说，他对中国小孩似乎没有太深的感情，只是为了尊从罗迦陵的意愿罢了。对于领养的那些外国小孩，哈同有种说不出的情感。这倒不是说“血浓于水”，而是他永远忘不了当初自己犹如一个孤儿来到上海，饱尝了人间的甜酸苦辣。因此他想让这些外国小孩能在他的庇护之下，过着无忧无虑的生活。养子中间，乔治和罗弼是由他从小养大的，这两个小家伙善于察言观色，最讨他的欢喜，所以哈同打算在遗产的分配上，给这两个养子更多的份额。听着哈同讲述自己的想法，罗迦陵心中自然有点不悦，她看着哈同略带浮肿的脸，默不作声。哈同看到罗迦陵这般模样，凭直觉猜着了她的八九分心思，于是安慰说，这只是按照犹太人的习俗所定，只要夫人健在，全部遗产还是归她继承。听到哈同这番肯定的表示，罗迦陵这才松了一口气，答应了哈同的提议。立遗嘱的事就这么定了下来。

1931年2月10日，哈同夫妇由英国律师劳敦和葛立芬作证人，同时签署了两份内容相同的遗嘱，遗嘱声明：如果哈同先亡故，则全部财产由其夫人罗迦陵继承；如果罗迦陵先于哈同亡故，则全部财产除分别给养子女、内侄子女每人10万元外，剩下的遗产由乔治得7/10，罗弼得3/10。就在遗嘱签署后的第四个月，哈同终于抗不住气喘病的袭击，告别了这个他曾经奋斗过的世界。

遗产税风波

罗迦陵操办完哈同的丧事，正式向外界发表了哈同的遗嘱，并于7月28日在当地报纸上登了一则通告，通告说凡对哈同遗产有提出要求者，须在9月30日前以书面通知她，逾期概不负责。一个多月过去了，外界对罗迦陵的通告毫无反应，罗迦陵的心越来越踏实了。不料就在限定期限将到时，先后有两个伊拉克人，以哈同亲族的名义向设在上海的英国在华高等法院提出诉状，要求继承哈同遗产。并以哈同出生在伊拉克为由，要求按该国法律继承哈同三分之二遗产。

英国在华高等法院受理了这两个伊拉克人的诉状，经过将近一年时间的审理，最后判定：哈同是受英国保护之人，应该受英国管辖。英国既然在中国享有治外法权，即按照英国法律审断，该遗嘱将财产赠与其妻，视为有效，驳回了两个伊拉克人的诉求。由此罗迦陵便成为哈同巨额财产的唯一合法继承人。

但是，当罗迦陵正式继承哈同遗产时，却遇到了一个不大不小的麻烦——交纳遗产税。英国在华高等法院之所以把两个伊拉克人排除在哈同遗产继承人之外，决非仅仅出于正义，这笔可观的遗产税收入也是一个重要因素。

英国在华高等法院在受理哈同遗产案时，曾索去哈同洋行和爱俪园全部账册、单据。尽管管家们竭力瞒藏，仍查出哈同死后留下的财产达 1.7 亿元，按照英国法律规定，遗产继承人须交纳 1/10 遗产税。此时罗迦陵虽然已是一个亿万富翁，但一下子要她拿出 1700 万元现款，也非易事。可是如果不交纳这笔钱，那 1.7 亿元遗产的继承就成问题。明知这是英国人乘机大敲诈，但法律是不可抗拒的。罗迦陵只好忍气吞声，指示管家尽快想办法弄钱。

罗迦陵听从哈同洋行中几个谋士的主意，将地处市中心的 16 处房地产向美商所办的中国营业公司作抵押，举借了 1800 万元现金。抵押借款契约规定：借期 10 年，年息 6.5 厘，每 3 个月付息一次，利息到期不付，并入本金一起计息。这是一项高利息的抵押借款，每 3 个月要付将近 3 万元的利息，如果不及时付息，欠付的利息并入本金计算复利，那 10 年期满时要还的不是 1800 万，而是翻倍的数目了。细算起来，罗迦陵不禁有点心寒，她想，要是老哈同在世的话，绝不会做这样吃亏的买卖，这帮势利之人也绝不敢如此大胆地横敲竹杠。

实际上，那个美商中国营业公司不过是一个中间商，并没有钱，只是将这笔生意转押给了新沙逊洋行系统的英商中和地产公司。中和地产公司是一个专做空头买卖的行家，它接受了中国营业公司转让的押款后，募集到股金 180 万元，又向中国银行等处借到 1620 万元，凑满 1800 万元付给了罗迦陵。与此同时，中和地产公司以罗迦陵抵押的 16 处房地产作担保，发行了 1800 万元公司债券，期限也为 10 年，年息 5.5 厘。由于那 16 处地处闹市中心的房地产行情看涨，所以债券大部分由中国银行等以九八折扣优先购进。这样一来，中和地产公司以出售的债券所得抵消了从中国银行等处借来的 1620 万元，凭空赚进了 140 余万元。两家美英外商公司分别轻松地赚进一票之后，债务落到了中国银行的储户身上。就是说最后还是中国银行的储户帮罗迦陵付了遗产税，当然，利息由罗迦陵出。最大的进账人则是英国人，翻手之间取走了遗产的 1/10。

神秘的“第二遗嘱”

罗迦陵继承了哈同的遗产后，仍然维持着爱俪园豪华的生活。然毕竟男主人作古，罗迦陵总有一种失落感，随着时光的消逝，她对生活的乐趣日渐淡薄。1937年因患白内障两眼失明后，罗迦陵更是把念佛作为自己唯一的精神寄托，一心指望死后灵魂能够进入天国。1941年10月3日，年届78岁的罗迦陵终于魂归西天，离开了人世。然罗迦陵尸骨未寒，一场新的争夺遗产的争斗便拉开了序幕。

罗迦陵咽气后半小时，一辆汽车载着一个外国人来到爱俪园。此人名叫拉亥脱，是高易律师事务所的律师，他来势汹汹，声称奉英国领事馆之命前来通知：爱俪园内的财产，一草一木都不许移动，须静候英领馆派人来处理。一个普通律师，有何权利作如此指示？原来拉亥脱是奉哈同养子乔治·哈同指派而来。乔治·哈同为了得到哈同遗嘱中声明留赠给他的7/10遗产，在罗迦陵死后，便迫不及待地向英国在华高等法院提出诉状，要求英法院确认哈同原先的遗嘱有效，确认他享有合法的继承权。英国在华高等法院接受了乔治·哈同的诉状，在10月中旬发出布告，要求凡对哈同遗产有关系者，必须在布告贴出的10天之内提出，否则将确认哈同的遗嘱为有效。

布告贴出后第三天，爱俪园的总管家姬觉弥出人意料地向英国在华高等法院提交了罗迦陵于1937年9月30日签署的一份遗嘱，请求法院予以追认。姬觉弥提出的这份遗嘱，同1931年哈同和罗迦陵共同签署的遗嘱有很大的不同。为了区别，人们称前一遗嘱为第一遗嘱，后一遗嘱为第二遗嘱。罗迦陵签署的第二遗嘱声明：分给斐利浦、娜拉、麦泼尔等养子女每人14万元遗产（按照1937年时价）；赠给姬觉弥400万元遗产；拿出300万元遗产创办一个实业工厂；提出100万元遗产赠给中国政府作为公共福利经费；余下的财产由罗弼、维克多、罗友兰、罗友三、罗友启、罗友仁等养子女、侄子女平均分受。遗嘱也写明分给乔治·哈同14万元遗产，但又声明必须在乔治的行为已经改善，经受托人认为满意时，才能给予，否则取消这笔遗产的赠予。将第一遗嘱和第二遗嘱相比较，有几点重大的区别：第一，前者将7/10遗产归乔治·哈同继承，3/10归罗弼·哈同继承，后者只将乔治作为14万元遗产的受赠人，不承认其遗产继承人的合法身份。第二，姬觉弥在第一遗嘱中仅得到年俸2．4万两规银的待遇，而在第二遗嘱中则除了享有年俸2000元外，另外得到400万巨额财产的遗赠。第三，第二遗嘱总共拨出约950万元作为举办公共事业基金和赠给政府作为福利基金。

罗迦陵第二遗嘱的出现，令社会各界大吃一惊，同时使哈同遗产纠纷又一次掀起高潮。其实，在哈同的养子之间，围绕着哈同遗产的明争暗斗，早在几年之前就已经开始了。

哈同遗嘱中指定的遗产主要继承人乔治·哈同，此人从小被哈同收养，过惯了舒适的生活，并沾染了不良习气，行为放荡，常常暗中寻花问柳，因此同罗迦陵的关系很不好。哈同死后，乔治更肆无忌惮。有一次，乔治为了讨情人的欢喜，向一家银楼赊了价值几万元的金首饰。这家银楼本是哈同洋行的房客，乔治所赊的钱就被从应付的房租里扣除了。哈同洋行的账房发现这一情况，便关照银楼今后不许再赊钱给乔治。乔治断了财路，急得发疯，有一天竟拿了手枪威胁管家姬觉弥给钱，姬觉弥被逼得没办法，急中生智，逃到罗迦陵跟前，乔治拿着手枪也追到罗迦陵跟前。罗迦陵此时已双目失明，得知此情，气得七窍冒火，将乔治严厉训斥了一顿，责令将他赶出爱俪园。无奈乔治仍不思悔改，几天后，偕三个白俄少女，在胶州路上一家饭店欢度良宵，酒足饭饱后，侍者索账300元，乔治不假思索地签了一张支票。饭店老板已风闻乔治被赶出爱俪园之事，当即打电话向罗迦陵询问，罗迦陵得知此事，谓乔治所欠账不予承认，由是饭店老板也不留情面，当即叫来巡捕，将乔治等四人一起押往巡捕房。第二天，罗迦陵在上海的《申报》、《新闻报》等报纸上接连几天刊登启事，声明同乔治脱离一切关系，并将他驱逐出爱俪园。不久"八·一三"战事爆发，乔治在上海呆不下去，便搭上火车，到北平闯荡去了。

罗迦陵同乔治关系的恶化，在某种程度上又同罗迦陵的义兄、爱俪园的总管家姬觉弥有关。姬觉弥原名潘林，本是一名闯过江湖，精通三教九流之士。1901年哈同洋行开张时，他由外国传教士李提摩太介绍给哈同。开头姬觉弥只是哈同手下一个跑腿的小卒，因他见多识广，巧于办事，又善于揣摩主人心意，深为罗迦陵所赏识，被罗认作义兄。从此，便步步高升，从一个普通的管事荣升爱俪园的大总管。1931年哈同死后，罗迦陵无所依靠，更将姬觉弥视为依柱，于是姬觉弥在爱俪园中成为一人之下、众人之上的实权人物。姬觉弥地位的上升，势必同作为哈同遗产主要继承人的乔治发生冲突。因此当乔治跟罗迦陵关系恶化后，姬觉弥难保不从中火上加油。据说，罗迦陵第二遗嘱的签署，是姬觉弥等人利用了罗迦陵同乔治关系恶化这一点，又趁罗迦陵双目失明，不能亲睹遗嘱原文之时，精心策划而成。

1939年乔治从北平回到上海。有一天，罗友兰告诉他，说罗迦陵因双目失明，受姬觉弥等欺骗，签署了第二遗嘱，如果乔治能够同罗氏兄弟签订一个中外和解的契约，答应在继承遗产后分给罗氏兄弟若干财产，那么他可以想办法毁掉这第二遗嘱。乔治听到这个消息，又惊又愤，恨不得立刻用手枪把姬觉弥等人杀了。然而冷静一想，能同罗氏兄弟签一个和解契约，将那令人憎恨的第二遗嘱毁掉，又何乐而不为？便同罗氏兄弟签订了一个和解契约。不料待和约签订后，乔治从罗友兰手中拿到的罗迦陵遗嘱，竟是副本，上面并没有罗迦陵的签字，这时乔治方才知道上了大当。乔治气愤之极，将此事告诉了原先哈同遗嘱指定的遗嘱执行人雷德和亚伯拉罕。雷德闻知此事，一定要罗友兰兄弟等销毁第二遗嘱，并立下悔过书，否则将把他们欺诈之事报告罗迦陵。后来罗友兰等向亚伯拉罕反复说情哀求，答应将第二遗嘱撕毁，并由罗友翔一人写下悔过书，交给雷德，此事才算平息。但实际上，罗氏兄弟并没有将那份遗嘱撕毁。因此，两年之后，在罗迦陵死后一个多月，姬觉弥便抛出了罗迦陵的第二遗嘱。

乔治·哈同提出的哈同遗嘱，早在1932年已经英国在华高等法院确认，而姬觉弥提出的罗迦陵签署的第二遗嘱，也有证人。英国在华法院开始着手进行调查，并宣布此案审理期间，由英法院指派麦秀斯和哈得门共同管理遗产，所有值钱的金银首饰，委托英商威尔斯亚力山大克拉公司检点估值，爱俪园中财物，委托英商瑞和有限公司检点估值，所有财产目录统统存放在麦秀斯处。

这一年里，上海的弄堂口、报端上，关于哈同遗产的议论越来越热烈。关键问题是罗迦陵的第二遗嘱是否正当有效。法律上的细节市民们懂得不多，不过大家都觉得哈同财产如没有罗迦陵的经营看管怕也达不到今天的规模。那时都传说，当年哈同的办公室里，大冷天不生火炉，是夫人关照的。晚上在公司加班，打电话回家都是约好的，铃声响一下，回来吃饭，铃声响二下，不回来吃饭，这样便可省出一次电话费。这种传说未必可靠，但说明大家都把罗迦陵看作是有权处理遗产的主人。市民们还有一种莫名其妙的心理，总希望把财产留在中国人手里，不能便宜了那几个“外国小瘪三”。

正当以乔治为一方，以姬觉弥和罗氏兄弟为另一方，为争夺哈同遗产而进行的诉讼在上海闹腾得甚嚣尘上时，另一路觊觎者也在紧锣密鼓地行动。

螳螂捕蝉，黄雀在后

1941年10月9日，英国在华法院在公共租界登出有关哈同遗产遗嘱的公告，立即引起了汪伪政府的关注。对这个大富翁留下的遗产，汪伪政府的大小头目也是馋涎欲滴，指望在这遗产的争夺中能捞上一把。英国在华法院登出公告没几天，汪伪政府行政院、外交部即电令上海市政府尽快照会英国领事，进行交涉，并设法向中外各界宣传，以在舆论上占据优势。汪伪上海市政府得到指示，即以市长名义致函英国驻沪领事，声明罗迦陵没有申请脱离中国国籍，仍应视为中国国民，因此英国法院无权管辖，要求英国领事立即转告法庭停止办理此案。

10 月 24 日，英国驻沪领事复函汪伪上海市长陈公博，略谓哈同身故之后，其所有在中国遗产的管理权已由英国驻华最高法院核准后交与哈同夫人，所以哈同夫人死后，其遗嘱指定的执行人当然将该遗嘱向英国在华最高法院呈递，请求检认。而英国领事对于英国在华最高法院的任何案件，无管辖之权，不能发表有力的意见，因此，关于罗迦陵在华遗产问题，仍须向该法院正式提请审理云云。一句话：英国是分权的，法院的事与领事不搭界。

汪伪上海市政府收到英国领事的复函，知道向英国领事交涉已无济于事，于是一计不行又生一计。1941 年 11 月 22 日，由汪伪行政院法制局局长陈允文牵头，召集了行政院参事一人、外交部司长和参事各一人、司法部次长和司长各一人，及上海市政府的代表共 12 人开会商讨对策。会上司法部的代表振振有词地说：此案可分两部分来研究。一为因国籍而发生的管辖主权问题。哈同与罗迦陵未加入英国国籍，因此一定要向英国方面表示强硬立场，以保证法权之完整。二为征收遗产税问题。凡居留本国者，不问国籍如何，均应征收，因此对罗迦陵也不能例外。没等司法部代表说完，外交部代表透露说，刚接到驻沪办事处来电，他们曾向日本堀内公使请求予以协助，堀内表示：罗迦陵为中国人，自应按照中国法律办理，而最好是由其子女出面，表示愿意受中国法律处理，则较为有效，至于其他方面，自当暗中尽力。日本主子的态度，犹如兴奋剂，顿时使与会者激动不已。正当汪伪政府的几个官员为此事忙得不亦乐乎时，突然发生的事变打破了他们的好梦。螳螂捕蝉，黄雀在后，当奴才们盯上这块肥肉时，主子们也在捋袖子了。

1941 年 12 月 8 日，当日军飞机对美国珍珠港海空军基地发动突然袭击进行狂轰滥炸之后，侵沪日军即从虹口、闸北、沪西等处开进公共租界，占领了租界内的报馆、银行、英国领事馆等要害机构。就在这一天深夜，一大批日军乘着军用卡车和摩托车，开到爱俪园外。车灯将爱俪园门口照得通亮，全副武装的日军把住爱俪园门口，一队日军由几个军官率领，直冲爱俪园内。爱俪园的几百口老小被这群深夜闯入的不速之客吓得目瞪口呆，园内的工部局巡捕全被缴械关押。然后，日军贴出布告，宣布接管爱俪园内一切财产。日本军部的人员把有关爱俪园的账册、文契全部拿走。又在爱俪园内敲墙挖壁，到处搜索。凡是值钱的东西，如中国的纪念金币、外国金币 600 多枚，各种银币 1800 多枚，以及金碗、金杯、金筷，乃至字画、匾额等等，都被日军装箱运走。后来日军又将罗迦陵存在英国汇丰银行保险箱中的金银珠宝和首饰全部接收精光。一场抢劫，日军从爱俪园和哈同洋行共窃走价值 3400 万元的财物。经过日军这番洗劫，爱俪园内一片狼藉，这个 20 世纪 20 年代名噪上海的大花园，几乎只剩下了一个空壳。这场浩劫在第二次世界大战史上也是算得上的。它嘲笑了法律。那些为几万上下的钱财对簿公堂，你辩我争，暗做手脚，与这样的抢劫行为相比简直是太斯文了。

突发的事变和日军的掠夺，使正在密谋窃取哈同遗产的汪伪政府官员也大为吃惊。他们清楚地知道，现在英国在华法院对于哈同遗产的处置已无能为力了，他们面对的对手将是日军。

从日军方面来说，对于已经到手的哈同遗产当然不会轻易放弃。日军在抢劫了全部爱俪园中有价值的动产后，又由兴亚院出面，委派恒产公司对哈同洋行进行监督。恒产公司专门派了一个课长和一个日本人，驻守哈同洋行，严密监视所有地产业务。专门经营上海的港口、码头、道路建设和地产买卖的恒产公司名义上是中日合办的一个企业，其资本一半以上属于日本兴亚院控制的华中振兴会社所有，故实际上是以日军为后盾的一个掠夺性企业。太平洋战争爆发后，上海二十几家外商地产企业都被日军作为敌产对待，全部由日本兴亚院委托恒产公司监管，哈同洋行也是其中之一。在这种情况下，无论汪伪政府的官员再怎样的不死心，也只能眼睁睁地看着哈同遗产落进了主子的嘴里。

终于偃旗息鼓

经过几年的坐吃山空，再经受了日军的豪夺，哈同遗产已被折腾得散去大半。但哈同毕竟是哈同，瘦死的骆驼比马壮，拔根汗毛比腰粗。哈同家族内部仍为争夺残汤剩羹争斗不休。尤其是乔治·哈同，运用各种方式，疏通日本人，重新在爱俪园以老大身份把持一切。乔治陆续将爱俪园中一直依靠罗迦陵为生的亲戚孙媳侄辈等 20 多人赶出园外，停付生活费用。1944 年下半年，日军在南洋一带败退的消息不断传来，乔治隐约感到日本人统治的日子可能不会太久了。假如日本人失势，这遗产问题不知又要怎么样了，于是绞尽脑汁，想出了一个办法。1944 年 10 月，乔治·哈同找到罗友三等人，向他们提出一份契约草案。这份契约草案写明：乙方（即罗友三等人）对于哈同遗产在诉讼中的任何要求，自立据日起愿意全部予以放弃，承认 1931 年 2 月 10 日遗嘱为唯一的遗嘱。乔治则以 50 万元中储券（当时汪伪中央储备银行所发行的钞票）作为交换条件，让罗友三等人签字。乔治·哈同还表示，如果签了这份契约，事后再另外付给 200 万元，或者另给哈同遗产的 1%，作为报答。当时罗友三等人生活正属拮据，而且乔治又扬言，如果不签署这份契约，或者事后声张出去，则不但平日生活费立即停止付给，并马上将他们赶出爱俪园。罗友三等几个兄弟，在乔治的威逼利诱之下，签署了这份契约。

乔治分别拿到了罗友三、罗友启、罗友仁、罗友翔签字的契约后，很是高兴，满以为这下子遗产的7/10非己莫属了。不料到了第二年，日本投降后没几天，9月11日，罗友三等人即在《申报》上发表声明，声称早先签署的契约属被迫而致，视为无效。9月14日，姬觉弥和罗友三等人聚集在一起，讨论有关罗迦陵遗产问题，并推选出姬觉弥、罗友三、罗友启、罗友仁、罗友翔五人为遗产管理人，向日方交涉办理接收遗产事项，并向法院提出起诉。10月份，罗友三等四人向国民党政府的上海地方法院正式提出起诉，要求法院确认罗迦陵第二遗嘱有效。然因罗友三等人没有缴纳诉讼费用，上海地方法院在1946年2月将诉状退回。

罗友三等人登报声明和向法院提出起诉，使乔治·哈同的头脑又清醒了许多。他早就知道这帮中国兄弟都不是好剃的头。他想，与其闹得不可开交，不如主动将一部分遗产分给诸兄弟一些，以求自己稳得大头。于是乔治通过几个中间人的调解，分别同罗氏兄妹，包括姬觉弥，就遗产的分割达成了协议。1945年12月，乔治首先与罗慧秀、罗转坤、罗补乾、罗灵芝等人订立遗产分割契约。契约规定，由罗慧秀等人一致承认第一遗嘱为合法遗嘱，由乔治拨出部分房地产分赠诸人。1946年4月，乔治又同罗友兰订立分割遗产契约，由罗友兰承认第一遗嘱，乔治则拨出部分地产及动产的3%归罗友兰所有。1946年7月，乔治又订立赠予契约，赠予姬觉弥一部分房地产及爱俪园内空地6亩，以及历年来的年俸，折合法币为3000万元，条件是姬觉弥承认第一遗嘱。罗友三等闻知这些消息，知道大局已定，再争下去，似也无所得，于是在这一年7月，也跟乔治·哈同、罗弼·哈同正式订立了一份和解契约。这份和解契约声明，承认第一遗嘱为合法遗嘱，又承认第二遗嘱中有关捐献政府部分仍为有效，从遗嘱中提出1941年估价的1800万元地产作为社会福利金，提出价值275万元地产捐给政府，同时分别给罗友三兄弟等财产若干。

1947年5月，上海地方法院批示麦秀斯和哈得门，准予他们将遗产管理权移交给雷德，于是雷德根据第一遗嘱的精神，将遗产中尚剩的金银首饰等作一估价，把其中12%分给罗氏兄弟，88%分给乔治·哈同。

可以说，乔治·哈同成为了最后的赢家，他运用各种手段，同他的竞争对手达成分割遗产的协议后，自己得了大头，占据着爱俪园中好几十亩土地，并且继承了哈同洋行的产业，俨然是哈同股份公司的老板。至此，在老哈同死后的第16年，这场旷日持久的遗产争夺案终于偃旗息鼓了。

1949年5月，上海解放。早在此之前，乔治·哈同已急忙将遗产中能够变卖的东西尽量变卖，最后，撇下爱俪园、哈同洋行和一批房地产，逃亡香港居住。新中国成立后，政府废除了所有前政府与外国政府签订的不平等条约，一些外侨和外资在华的资产也被没收、冻结和征购。爱俪园，这一哈同生前留下的遗产中最大的一块地产，被新成立的上海市人民政府所征用。20 世纪 50 年代中期，在中苏关系的“蜜月时期”，人民政府在爱俪园的废墟上，造起了一座完全俄罗斯风格的宏伟建筑——上海中苏友好大厦（今上海展览馆），作为上海举办会展等文化活动的一个场所，为广大市民所共享。

外交档案解密毛泽东著作海外出版佚事

亘火／文

［引子］

近日，笔者在外交部档案馆查阅解密档案时，发现了一批涉及毛泽东著作在海外翻译传播的相关文件目录。这让笔者顿时浮想联翩：美国总统尼克松来华访问，与毛泽东笑谈“一切反动派都是纸老虎”；欧盟委员会主席巴罗佐、德国前外长费舍尔都曾深受毛泽东思想的影响；伊拉克领导人塔拉巴尼曾将《毛泽东选集》翻译成库尔德文；委内瑞拉总统查韦斯能熟练背诵毛主席语录等等——全球得以了解这位中国领袖的思想言行并留下深刻“烙印”，的确要归功于这一文化传播活动。仔细阅读这批档案，笔者发现，它还为我们揭开了毛泽东如何看待海外版权费、外交部是如何参与毛泽东著作修订工作等问题的答案……

整整“迟到”四个月的批复

1950年6月3日、19日，捷克驻华大使馆向我外交部发函，表示捷共拟责成自由出版社翻译出版捷克文毛泽东著作，包括《新民主主义论》《论联合政府》《中国革命与中国共产党》《目前形势和我们的任务》《在晋绥干部会议上的讲话》，整个出版计划将于1950年年底完成，请求毛泽东准予出版，并请毛泽东、朱德撰写序言；6月7日、20日，我外交部办公厅两次向毛泽东、朱德请示，全文分别如下：

“鉴湖女侠”秋瑾埋骨西泠之风雨沧桑

陆茂清／文

“鉴湖女侠”秋瑾生前曾有遗愿：“埋骨西泠，与岳武穆相邻。”

然而残暴清廷竟容不下三尺孤坟，短短七年里，灵柩辗转于绍兴、杭州、湘潭，迁移了七次，直至辛亥革命胜利，民国建立，终于遂了“埋骨西泠”的遗愿。不料新中国建立后，又遭遇四度搬迁。真是风雨沧桑，一言难尽！

再三嘱托“埋骨西泠，与岳武穆相邻”

1906年春，秋瑾从日本回国开展革命活动，经同志介绍，入浙江南浔浔溪女学任教，结识了该校校长、女诗人徐自华，结为了盟姊妹。在秋瑾引导下，徐自华先后加入了光复会和同盟会。

9月的一天，秋瑾在试制炸弹时因意外爆炸伤了手，回家乡绍兴疗养。月底，徐自华赶来绍兴探望，姊妹相约同去杭州游西湖。

游湖之中，秋瑾手指西泠桥方向，神色严肃道：“身入革命门，总有牺牲者，若能葬身那里，坟邻岳王墓，为福多矣！有朝一日为革命捐躯后，就请为我成全。”

徐自华慨然应答：“定然遵办。我若死于革命，也埋葬于此！”

1907年6月中旬，秋瑾与在安庆的徐锡麟约定，皖浙两地同时起义。鉴于经费欠缺，她赶去石门徐自华家里磋商。

徐自华听明来意，倾囊相助，将所有积蓄乃至拔簪摘珥，约合黄金30两，全部交与秋瑾。临分手时，秋瑾神色凝重地说："举义在即，凶吉难料，已作牺牲之准备，埋骨西泠之约，千万不可失信。"

徐自华同样的神色凝重："果若牺牲，定使青山有幸埋忠骨。"

姊妹俩洒泪而别，这一别竟成永诀。

草葬府山，移厝殡舍，再迁大校场边荒地

不料安庆方面走漏了风声，情况突变。徐锡麟来不及通知秋瑾，提前独自发动，刺杀了安徽巡抚恩铭。因势孤力单兵败，惨遭杀害。

浙江巡抚张曾扬从安徽方面的通报，得知秋瑾是徐锡麟的同党，令绍兴知府贵福捉拿秋瑾。一时风声大紧，有同志劝秋瑾离校躲避，她拒绝说："我是革命党首领，岂可惜己一命而临难逃脱？虽死犹生，牺牲尽我责任。"

秋瑾毅然把生的希望给了同志，组织同学撤退。正在这时，贵福带领大批清军赶到，将大通学堂团团围住。她率少数未及转移的学生顽强抵抗，激战近一小时，毙伤敌人数十，以寡不敌众被俘。

秋瑾威武不屈，于1907年7月15日（农历六月初六）在绍兴轩亭口慷慨就义。

贵福杀害秋瑾后，令暴尸街口，以儆效尤，后由地保通知秋家收尸。秋氏中人慑于贵福淫威，都已躲了起来，辗转得了通知，也不敢轻往，以防自投罗网。

有大通学堂的洗衣女工，感于平时受秋瑾善待照应，不顾安危，深夜里用席子将秋瑾遗体包裹了送往善堂。善堂施舍薄棺一具，草草装盛后，掩埋在府山（卧龙山）北麓星罗棋布荒冢群中。

两个月后，秋瑾的兄长秋誉章悄悄回了家，打探得妹妹草葬在府山脚下，遭雨淋水浸，心中老大不忍，以重金雇请了土工数人，偷偷将棺材挖出，转移至常禧门外严家潭殡舍暂厝，准备待风声平缓后，另行筑墓，择日安葬。

然而殡舍馆主人得悉了这是"乱党"头目秋瑾的棺木，害怕受牵连，找到秋誉章，不容分说，限时搬走。

秋誉章百般无奈，只好把棺材移去大校场边荒地，支架几片芦席，遮掩日晒雨打。

实践前约，西泠桥堍"为卿三尺造孤坟"

再说秋瑾遇害后，东南舆论界，特别是上海的进步报刊，同声一致谴责张

曾扬、贵福炮制黑案，残害秋瑾等大通学堂师生；又有革命党人放言要刺杀狗官，为秋瑾报仇。两人惶惶然不可终日，自请调离，分别去了山西与安徽。

牢记秋瑾“埋骨西泠”嘱托的徐自华，决定趁此机会兑现前约，她在悼念秋瑾诗中表白：“欲觅西湖干净土，为卿三尺造孤坟。”

为秋瑾埋骨西泠的义举，是徐自华与秋瑾的另一个盟姊吴芝瑛共同进行的。

吴芝瑛，安徽桐城籍人，近代书法家、诗人。1902 年秋瑾随捐官的丈夫王廷钧入京，成了王廷钧的同事户部郎中廉泉的邻居。廉泉的夫人吴芝瑛与秋瑾情趣相投，倾心相交，义结金兰。当秋瑾不顾丈夫反对坚持去日本留学时，吴给予了大力支持，并资助旅费，使秋瑾终于成行。秋瑾在上海创办《中国女报》时，已迁居沪上的吴芝瑛捐赠大洋千元，又相与策划办报各事。秋瑾奉派去绍兴主持大通学堂，吴芝瑛又赠送了一笔钱，用作革命经费。秋瑾牺牲的消息传来，吴芝瑛悲痛欲绝，在《时报》上发表《秋女士传》、《记秋女士遗事》及诗词，寄托无尽哀思。

1908 年徐自华、吴芝瑛建造的秋瑾墓

1907 年 11 月 2 日，徐自华写信给吴芝瑛，相约安葬秋瑾，成全秋瑾“埋骨西泠”的遗愿。吴芝瑛马上复信赞同响应：“今闻秋女士之死，一棺厝野，家属畏罗织，不敢营葬，日炙雨淋，将有暴露遗骸之惨，芝瑛窃痛之，行将力疾赴山阴，为之营葬。”

11 月 27 日，徐自华自石门家中专程赴上海，准备与吴芝瑛商量营葬事宜，住在就读于爱国女校的妹妹蕴华处，不料尚未与吴芝瑛见面，就接得家中急件，女儿病危，促迅疾返回。她不敢延误，立即南返，临行前修书一封，托妹妹蕴华面交吴芝瑛，并代表自己与吴芝瑛商量葬事。

商量结果，由吴芝瑛出资大洋 200 块，购买墓地及建造秋墓；徐自华则负责选定墓址及营葬。

徐自华的爱女患的是白喉，多方救治无效，不幸夭折。“哭女伤心泪未干”，她葬女甫毕，就与女仆冒着风雪渡过钱塘江赶到绍兴，会晤了秋瑾的兄长秋誉章，道明来意，一起前往杭州物色墓地，在孤山胜景西泠桥堍，选购得土地一方。

其时，吴芝瑛恰因病难以远行，委托丈夫廉泉南去杭城，购买砖石，雇请工匠，督造秋墓。

时近一月，秋墓建成。徐自华、廉泉、秋誉章，与大通学堂校工数人同往绍兴，趁夜间无人，打着火把在大校场边荒地上寻找得秋瑾灵柩，护送至杭州，一副薄棺，两个苦力，抬着经苏堤六桥至西泠桥堍入土。时为1908年1月25日。

秋墓前立有墓碑一方，碑文是吴芝瑛抱病书写的“呜呼鉴湖女侠秋瑾之墓”，史称“十字碑”。

徐自华撰写了《鉴湖女侠秋瑾墓表》，墓表介绍了秋瑾革命生平后，另有一段文字云：

石门徐自华，哀其狱之冤，痛其遇之酷，悼其年之不永，憾其志之不终，为约桐城吴女士芝瑛，卜地西泠桥畔，葬焉。用表其墓，以告后世，俾知莫须有事，固非徒南宋为然，而尚想其烈，或将俯仰徘徊，至流涕不忍去，例与岳王坟同不朽云。

石门著名石刻家胡菊龄，精心凿雕了墓碑墓表。十字碑文、墓表、碑刻，被誉为“秋墓三绝”。

徐自华、吴芝瑛置身家性命于度外，为秋瑾埋骨西泠，被革命党人传为“义声动天下”之佳话。

清吏发现秋墓，严令削平不许再葬杭州

为秋瑾“埋骨西泠”的夙愿实现了，徐自华甚感欣慰，作诗以记：

湖云山树总悲凉，春晓苏堤柳未长。添个鉴湖秋侠墓，游人凭吊泣斜阳。

1908年2月25日，徐自华邀集各界人士400余人，在杭州风林寺秘密祭悼秋瑾，报告了营建秋墓经过。随后与陈去病、褚辅成、姚勇忱等数十同志，发起筹建纪念秋瑾的团体—秋社，以弘扬烈士精神，继承烈士遗志，研究烈士诗词文赋。

秋社成立，徐自华被推为社长，定每年农历六月初六秋瑾殉难日举行纪念活动。

殊料，这一年的秋天，清廷御史常徽游山玩水来了杭城，乘风和日丽从“苏堤春晓”信步西泠桥畔，无意之中发现了秋瑾的坟墓。他紧走几步，默诵墓表，不禁勃然大怒：这徐自华、吴芝瑛定是秋瑾同党！回京师后，立即奏请削平秋瑾墓，毁尸灭迹，并捉拿查办徐自华、吴芝瑛。

朝廷准奏，令新任浙江巡抚增韫办理。

大祸迫在眉睫，徐自华与吴芝瑛商量，利用各自的特殊关系保全秋瑾灵榇，也为自己逢凶化吉。

吴芝瑛是桐城派文学大家、京师大学堂总教习吴汝纶的侄女，长于诗文，书法出众，与沈寿的刺绣得到过慈禧太后的赞赏，由此名噪遐迩。两江总督端方很欣赏吴芝瑛的才学，多次向她索要书画，她还知道，端方嗜好金石书画，便投其所好，将手抄的《楞严经》，及所制的景泰窑陶斋匾额赠与，请求周全。又求助于异国朋友、北京公理教会协和女书院院长麦美德女士，麦美德撰文报章，呼吁免于追究吴芝瑛、徐自华两位女界名流。

辛亥革命胜利后的秋瑾墓

徐自华则挽请与其父辈知交的浙江崇德知县林孝恂，向巡抚增韫进言，谓徐自华、吴芝瑛为女中少有之才人，扬名海内外，又有妇人之仁，应予保护而勿加伤害。

多方运动的结果，增韫终于传下话来："秋墓削平不可更改，棺材可由秋氏家人取去，不许再葬杭城；对徐自华、吴芝瑛网开一面，不予查究。"

不忍烈士魂无归处，迁往湘潭夫妻同穴

秋誉章以家属出面呈文增韫，请求把秋瑾墓迁回绍兴原籍。增韫批复：准秋誉章禀报，将秋瑾尸棺自行迁至绍兴埋葬。

不日，秋誉章雇人挖取秋瑾灵柩运往绍兴，花钱又费口舌，仍然寄放在常禧门外严家潭殡舍。

过了 1909 年的农历新年，殡舍馆主不知又听到了什么风声，约见秋誉章，老调重弹秋瑾是革命党头目，尸棺长期存放殡舍殊多不便，催促尽快搬走。

秋誉章不忍妹妹灵柩飘零不定，魂无归处。他已得悉，秋瑾的丈夫王廷钧不久前病故，思量再三，准备前往湖南湘潭，与王家商量，将秋瑾棺木运湘，

与丈夫王廷钧合葬一处。事前，他征询了徐自华、吴芝瑛的意见。

徐自华、吴芝瑛出于无奈，勉强表示赞同说，暂且委屈秋女士在天之灵了，且待驱除鞑虏恢复中原日，定把灵榇迎还西泠！

秋瑾早年随在湘潭做官的父亲入湘，由父母作主嫁与官宦之子王廷钧，婚后王廷钧捐了个京官，携秋瑾入京上任。秋瑾留学日本投身革命后，很少回家。王家的人得知秋瑾遇害，担心株连，曾声言“镜破钗分，恩断义绝”。

秋誉章到王家后，道明来意，声泪俱下。王廷钧的母亲感念秋瑾为王家生儿育女传宗接代，终于点头答应让他们夫妻同穴，于是嘱孙子王沅德去绍兴迎还母亲灵榇。

1909 年秋 11 月，王沅德随带佣人到绍兴，陪伴着秋瑾灵榇启程，千里迢迢经上海、江苏、福建、江西，入湖南，水陆辗转历时 20 多天到湘潭，与王廷钧合葬在离昭山 10 里处的石坝子墓地。

浙湘双方各执一词，经由总统府裁定迎还灵柩

武昌首义告捷，各省响应，风起云涌，推翻了满清统治，建立了中华民国。徐自华欢欣鼓舞，重又开始了实现秋瑾“埋骨西泠”遗愿的行动。

就在 1912 年元旦中华民国开国的当天，她就以同盟会会员的名义，发布《西泠重兴秋社并建风雨亭启事》，还致电大总统孙中山，请予支持。1 月 27 日，又发起召开追悼秋瑾大会。

3 月 1 日，徐自华约会秋社成员，呈文浙江省议会，提议：“秋墓被清廷平毁后，灵榇移往湖南，与烈士生前意愿相违，应迎归秋瑾灵榇，还葬西泠。”

这一提议得到浙江军政府及各界响应，省议会决议：建风雨亭于原墓葬址，风雨亭西边重建秋墓，并调拨专款委托秋社专司其事。都督汤寿潜根据各方推荐，任命徐自华为营葬事务所主任。

徐自华亲自设计秋墓图案，又将营葬事宜分工落实到事务所各人，各司其职。

安顿停当，徐自华与陈去病等奔赴长沙，向湖南军政府递交了浙江军政府民政司与秋社的公函，要求将秋瑾的灵榇迁返杭州。

湖南军政府都督谭延闿表示同意，把浙江方面的来函发往湘潭地方政府并王家，令遵照执行。

不料秋瑾之子王沅德拒绝执行，复信谭延闿申述理由，大意谓：前奉祖母之命迎榇还乡，以尽人子之责，至今已三年，而今忽而东迁，使合葬双亲变分葬两地；又烈士子女本在湘潭，既欠人理，又失孝道。

其时，湖南的革命党人出于对秋瑾的崇敬，已经筹划为秋瑾建造专祠，筑

墓于岳麓山，他们也不同意秋瑾灵榇东迁，理由也很充分：西湖与岳麓并称名胜，似不以属浙属湘为之畛域，葬于湖南，于山川可以生色，于秋氏家祭亦较便利。

徐自华、陈去病据理力争：秋女侠为国捐躯，为革命巨子，世界所公认，原非一家所敢私有。烈士出生于浙江，牺牲于浙江，安葬西泠与岳武穆为邻，本系烈士生前之愿望，曾再三嘱托我等为之实践，故以秋女士灵榇迁还西泠为宜。

双方各执一词，难以达成一致，只得上报中华民国总统府裁定。

延至1912年9月间，北京下达复文：

秋女士为国致命，薄海同钦，安葬西泠，极为允当。许秋社同人迁葬，仰即将秋烈士遗榇交出，以便护送到浙。

9月底，秋瑾的灵榇自湘潭启运。谭延闿大为隆重，指派专使护灵，先陆路后水路近一个月后的10月24日到上海，沪上民军、学生在码头迎候，列队送往绍兴会馆暂厝。迎灵队伍中，一座竹制亭架上，绑抬着一只面粉捏成的大乌龟，龟背上插斩条，上书“前清绍兴知府贵福”，所经之处，引无数人手指口斥。此盖为安慰秋瑾在天之灵。

27日，上海各界举行隆重追悼大会后，恭送秋瑾灵榇至北火车站上了专列。到达杭州时，各界代表恭迎致敬，又有政府机关、各公团祭祀悼念。

因陵墓尚未竣工，所以先行停入在秋祠。

12月8日上午，孙中山先生由徐自华、吴芝瑛、陈其美等陪同，自上海来到杭州，谈到秋瑾时，不胜悲怆地说：“可痛者，最好的同志秋女侠一瞑不视。兄弟此来，固不仅展览西湖风景，亦将一施凭吊。”

次日，中山先生至秋社祭悼秋瑾，摄影留念，书写了“巾帼英雄”匾额，又致送挽联一副：

江户识丹忱，感君首赞同盟会；轩亭洒碧血，愧我今招侠女魂。

他还应徐自华、吴芝瑛之邀，欣然同意担任秋社的名誉社长。

1913年春，西泠桥畔万绿丛中，风格独异的秋瑾新墓落成。墓型呈六角形，中空置墓碑一方，六面有门可窥，墓顶矗立秋瑾高大石像，墓前置有石祭台一张。

秋墓的建造及格式，本是经浙江省民政长（相当于后来的省长）朱瑞核准了的，然此时的朱瑞已依附了袁世凯，遵照袁世凯驻浙代表的指令，命将秋墓

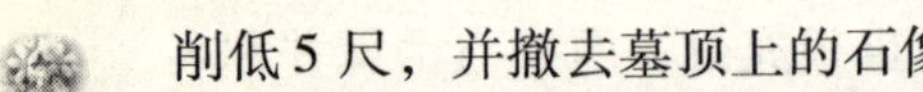

削低5尺，并撤去墓顶上的石像。

徐自华奋起抗争，散发传单斥责朱瑞出尔反尔。朱瑞恼羞成怒，扬言要撤销她的营葬事务所主任。孙中山得悉后，力劝徐自华暂作忍耐，以免无谓牺牲。徐自华听从了劝说，变墓顶上的石像为一把直刺青天的利剑。

秋瑾遇难六周年之际的六月初六（公历7月9日），徐自华、吴芝瑛与秋社同人，将秋瑾灵榇从秋社移出，安葬在西泠桥畔的新墓中，继而在绍兴建造风雨亭、纪念亭。

两迁鸡笼山，在邓颖超过问下重又安眠西泠桥畔

经七年不懈争斗，终使秋瑾埋骨西泠，与岳武穆相邻的遗愿得遂。徐自华晚年时，迁居西泠桥畔的秋社，专管秋社事务，为秋瑾守灵，直至终老。

国共合作携手抗战期间的1939年阳春三月天，周恩来以国民政府军事委员会政治部副部长的身份视察浙东，到绍兴后至秋瑾就义处的轩亭口纪念亭凭吊，援笔题词：勿忘鉴湖女侠之遗风，望为我越东女儿争光。

改朝换代，新中国建立后的1956年，秋瑾墓列为国家一级文物，得到妥善保护，享受岁时祭悼。然而好景不长，1964年强调阶级成分，有人说“不能再让死人占据美丽的西湖”。女侠的遗骨被装进陶罐，迁葬去了鸡笼山。鸡笼山属西湖边陲处，冷冷清清，连不少杭州人也只闻其名而不知其在何处。

1965年初，周恩来总理得知情况后出面干预，秋瑾墓由鸡笼山迁回西泠桥原葬处，改为圆丘墓，墓表石刻冯玉祥将军早先题联：“丹心已结平权果；碧血常开革命花。”

“文革”风暴起，秋瑾的坟墓也难幸免，墓园拆除，陵墓平毁，遗骨再次迁移鸡笼山。

十年动乱后拨乱反正，百事复兴。秋瑾的孙女王玉琳、王家梁，于1980年1月28日写信给全国人大常委会副委员长邓颖超，意谓祖母陵墓被毁，遗骨不知去向，希望能为扫墓提供方便。

邓颖超十分重视，指示有关部门，设法寻找秋瑾遗骨。

浙江省与杭州市文物管理部门着手进行，当时关于秋瑾遗骨的唯一线索，只知“文革”中平毁秋墓后，将遗骨移葬在鸡笼山辛亥革命烈士陵园附近。然烈士陵园已搬去了南竺，原陵园已成了农田树林。至于秋瑾遗骨在“附近”何处，无当事人可查，不知确切地点。

文管人员只能大海捞针，根据当年烈士陵园的方位及周围的地形地物，开始在原园的后边探摸，时过多日，并无结果。

一天，挖到了一只盛有尸骨的陶罐，正议论是否秋瑾遗骨时，恰巧有个叫

来政富的男子经过看热闹，在一旁插嘴说：“这不是秋瑾的，秋瑾的遗骨在那边。”说着指指不远处的山脚下。

文管人员喜出望外，要来政富提供确切位置。来政富边走边告诉他们，有个叫陈尔祥的朋友讲起过，当年曾经亲手移葬秋瑾的遗骨，埋在一棵柏树下，还指给他看过。

在来政富指点下，文管人员进入棕榈树林，在一株翠柏下挖出了一只陶罐，里面果然装着骨殖。

文物部门将尸骨拼接，确定是女性。秋瑾遇害时是被斩首的，检验颈部骨骼，刀痕明显。经专家鉴定，遗骨属秋瑾无疑。

经杭州市政府规划，辛亥革命70周年纪念行将来临时，在西泠桥畔重新建造秋瑾墓，墓茔以花岗岩筑砌，呈方座状，高1．75米，正面嵌一小长方大理石，上刻孙中山先生所题“巾帼英雄”四字，墓背面为徐自华撰、吴芝瑛书、胡菊龄镌刻之“三绝”墓表原石。墓顶耸立着汉白玉雕塑高2．7米的秋瑾立像，立像头梳发髻，上穿大襟唐装，下着百褶散裙，左手叉腰，右手拄剑，英姿飒爽目视前方。

1981年落成的秋瑾墓

1981年9月，鉴湖女侠重归她生前理想中的西泠桥堍。

秋瑾墓依山面湖，松柏环列，掩映在四季常青中。所不同的是，先前的墓地，均在西泠桥东边，如今搬到了桥西。

古今中外，名人迁墓屡有，然如秋瑾那样迁移十次以上的，可称罕见，名副其实迭经风雨沧桑。

外交档案揭秘创立新中国外事警卫制度

唐军／文

引子

新中国外事警卫制度的创立，始于保卫第一个与我国建交的苏联大使馆。在60年的风雨历程中，担负外国驻华使馆警卫任务的外事警卫部队，日夜警惕地守卫在素有“第二国境线”之称的使馆哨位上。执勤战士挺拔的身姿，早已成为北京使馆区一道英武的风景。外交解密档案揭示了这支特殊部队在新中国成立之初的一些创建内幕。

解放军战士守卫在外国驻华使馆门前

1949年12月26日清晨，当附近居民从北京南长街55号院捷克斯洛伐克驻华使馆门前经过时，发现门口站立着一名全副武装的解放军战士。虽然寒风凛冽，但他昂首挺胸，手握枪柄，目光警惕。战士军装左臂上佩有“公安”臂章。后来人们知道，他隶属于新成立的解放军公安部队，他和他的战友来自中国人民公安中央纵队第一师第二团。

第一师的前身是四野的一个野战师。1949年，根据北平市面临的形势和社会治安状况，中央军委决定，将正准备南下作战的该师留在北京，与其他部队一道担负中央首长、机关和首都的警卫任务。1949 年 11 月，中国人民公安中央纵队成立，该师成为其第一师。

新中国一成立，各社会主义国家对新中国都采取了热情支持的态度。苏联、保加利亚等 11 个社会主义国家相继承认新中国并与我互派大使。中国同印度、缅甸等八个非社会主义国家也很快达成了建交协议。随着外交关系的建立，各国外交人员陆续抵达北京，开始大使馆的建馆工作。

中国人民解放军公安部队

根据国际惯例：使馆馆舍不得侵犯。接受国负有特殊责任，采取一切适当步骤保护使馆馆舍免受侵入或损害，并防止一切扰乱使馆安宁或有损使馆尊严之情事的条款，使馆的安全保卫工作提上了中央外交工作的主要议事日程。

解放初期的北京，社情复杂，歹徒、流氓及其他无业游民为非作歹，抢劫、偷盗时有发生。而国民党潜伏下来的特务组织也时刻伺机破坏。刚成立的新政权保卫外国驻华使馆的责任尤显重大，任务艰巨。

根据中央的指示，公安部、外交部等有关部门高度重视外国驻华使馆及其工作人员的安全保卫工作，遇有使馆（以下所称使馆皆指外国驻华使馆）确定馆址后，便会派出解放军战士在门前持枪警卫。譬如最早建馆的苏联驻华使馆以及前文所述捷克斯洛伐克驻华使馆。不仅使馆，大使馆邸也设置有固定岗哨。但对于使馆其他工作人员的住所不再设置警卫。使馆将馆员租住房屋的信息照会外交部办公厅交际处（外交部礼宾司的前身），交际处便会通知公安部门，由当地派出所负责留意该房屋周围的安全状况。

新中国外交是“另起炉灶，白手起家”，事无巨细，都要从头开始摸索着前进。对于使馆的保卫亦是如此，警卫制度也经历了初创、成型、发展的过程。

刚开始时，并不是每个使馆门前都设置有岗哨，设不设岗，充分尊重使馆的意见，如果使馆不同意或有保留意见，便不予设岗。外交解密档案披露，瑞典大使认为本国国内并不为外国驻瑞使馆提供警卫，驻华使馆亦无需此种保护。印度使馆提出，该馆办公地点（东交民巷 32 号）与汇丰银行及其职员住宅在同一院内，且同一大门进出，如果设岗，将使院内的非使馆人员感到不便，希望将设警卫一事暂时搁置。故此，瑞典、印度等使馆门前都没有安排警卫。这些使馆的安全由北京公安纠察总队巡逻队以及所在地派出所予以保障。

两起震惊中央的涉外案件

1950年，北京、南京相继发生的两起涉外事件，充分说明了在使馆设置警卫的重要性和必要性。

北京。1950年7月30日晚上10点半左右，位于贡院西街4号的罗马尼亚大使官邸里，上楼准备睡觉的女佣刚走到楼梯中间，突然看见一个陌生男人，女佣吓得大声尖叫。此时，已躺下休息的鲁登科大使听到喊声，手持手枪立刻跑了出来，他对空开了几枪，不速之客慌乱中跳下阁楼翻墙而逃。附近派出所民警及驻军听到枪声后很快赶到，经仔细搜寻，未见歹徒踪影。事后检查，衣柜已被打开，由于发现及时，东西没有丢失。

在调查此案时，办案人员发现了一个重大疑点，大使官邸前原派有我方警卫保护，但不知何故，事发时未见有警卫。经了解才知道，原来事发前一星期，使馆临时雇佣的外籍女佣未经大使和使馆同意便擅自对门口的警卫战士说，这里不需要设岗哨了。战士听使馆的人这么说，便撤走了。该女佣说这话后没两天，便因雇佣期满而离开了官邸，经调查，她与此次事件没有关联。

南京。1950年9月3日晚上11点，三名歹徒手持刀枪，闯进北平路59号前埃及驻华使馆代办阿巴提的住宅，先后捆绑了管事等三人，被响声惊醒的阿巴提与歹徒展开了搏斗。歹徒掏枪向他射击，由于是臭弹，枪未打响。穷凶极恶的歹徒又用铁棒猛击阿巴提的头部，并在他身上连扎三刀。阿巴提负痛跑出门外大声呼救，歹徒仓皇逃走。后阿巴提被送入医院，经全力抢救，才脱离危险。

经过缜密调查，南京市公安局很快侦破了这起震惊全国的新中国成立后首宗涉外劫案。原来是国民党特务组织得知埃及使馆藏有大量黄金、美钞，便策划了这次破坏行动，除计划筹集一部分反革命活动经费外，更妄图给新生的革命政权造成恶劣的国际政治影响。

此案发生后，中央指示南京：

> 现前埃及代办处既发生匪徒劫案，亦可能引起特务对外国使馆施行挑衅阴谋，故对各前外国大使馆仍应恢复武装守卫门口办法，如我公安局已有可靠的武装警察，即可用其执行此项任务。

组建外事警卫队，专门负责使馆的安全保卫

经过近两年的实践，使馆警卫工作总体良好，得到了各馆的好评。虽然执勤的条件艰苦（除个别使馆的警卫因使馆正在修缮的原因临时借用使馆的房间

外，大部分战士无论风吹雨淋，都是在露天下执勤），但战士们依旧精神饱满，军姿挺拔、纪律严明。他们为不能南下参加解放全中国的战斗而遗憾，但经过动员和教育，都觉得能保卫新中国的首都而感到无尚光荣。

但在执勤过程中确实也存在着一些问题。主要是：担负警卫的部队，不是固定的连队，同时战士们缺乏必要的外交礼仪常识，难免有时工作方法简单；另外由于职责不明确，工作程序不规范，在个别事情的处理上与使馆发生了一些争执。

正在执勤的外事警卫战士

为进一步加强使馆警卫工作，1952 年，公安部报请周恩来总理批准，决定组建“外事警卫队”，专门负责使馆的安全保卫工作。

经过层层挑选和审查，320 名政治可靠、机动灵活、粗通文字、五官端正的年轻战士成为外事警卫队的首批队员。

8 月中旬，警卫队组建完毕，在正式走上执勤岗位前，全体队员接受了为期一个月的严格的集中培训。据外交部解密档案记载，培训的内容主要有：

（一）政策教育。（1）外事警卫的重要性；（2）各国驻华使馆一般情况及哨兵处理问题的一般原则；（3）一般国际常识及礼貌。

（二）业务教育。（1）外事警卫的职责及其特殊要求；（2）目前敌特活动情况和哨兵应注意的事项及其他；（3）使馆驻地社情调查的一般知识。

教员则来自公安部和外交部的各有关单位。

此外，还有射击、武器、军容、军纪、政治教育等方面的内容。

9月下旬，面貌一新的使馆外事警卫精神抖擞地奔赴各自岗位。

由于工作性质特殊，外事警卫队享有一定的特殊待遇，譬如：

着装方面：

（1）胸章、帽徽、领章均用人民警察的样式，唯领章左边用“外”字，以资识别。

（2）服装样式、颜色与人民警察同，其质量要求用斜纹布。在夏天增发一套军衣，冬天亦按交通警的装式发给皮哨衣和棉皮鞋。（1950年初，全国统一了人民警察服装制式及领章和帽徽。5月1日，北京市公安局首次为治安、户籍、交通、消防民警配发新制式夏服。警服为米黄色，左衣领按警种缀钉冠以“治”、“户”、“交”、“消”字首加号码，右衣领缀钉“人民警察”字样的领章，并佩“人民警察”布质胸章；冬季警服为墨绿色，着墨绿色带耳扇的解放式棉帽。帽徽为中间嵌“公安”字样的黄边红五角星。）

武器方面：

该队一律背驳壳枪，束腰皮带，佩五联皮子弹袋。

警卫队配备有摩托车和自行车——使馆距离营房驻地2－5里之内距离的，采用骑自行车换岗，再远的或者执行紧急任务时用摩托车。

同时，在执勤的使馆门前，设置了固定岗亭。遇有恶劣天气，警卫可以入内执行任务。

使馆外事警卫制度基本形成

1952年9月，为规范使馆警卫工作，公安部、外交部联合印发了各国驻华使馆外事警卫暂行条例。条例明确了外事警卫的职责，规定了哪些可以做，哪些不可以做。

条例规定：

使馆警卫任务系保障使馆及其人员的安全，维护使馆驻地的秩序，并防止外部坏分子对使馆的侵犯破坏。

外事警对于该使馆外交人员及其眷属进出概不阻拦（如外事警不认识时，则以电铃知照传达，由传达处理之）。

凡有来宾欲入使馆时，须由警卫以电铃知照传达，由传达处理之。

外事警人员不得随意进入使馆。如有特殊情况时，须经公安部警卫局及外交部同意，并取得书面手续后方准进入使馆；如使馆请警卫人员入内时，亦须取得其书面手续。

凡使馆与外事警人员一方或双方有意见时，均由外交部协商公安部及使馆解决之，外事警人员不得与使馆直接交涉。

1953 年，公安机关发现有小偷进入未设岗的驻华使馆或大使官邸，虽未发生重大事件，但公安部门感觉责任重大。经慎重研究，在参考苏联做法的基础上，决定为每个使馆及大使官邸均设置警卫，并且不再征得使馆同意后再设岗，而是改为在设岗前告知使馆。自此，新中国使馆外事警卫制度基本形成。

花冈中国劳工跨国诉讼

朱文楚／文

“可怜无定河边骨，犹是春闺梦里人。”为了侵华战争的需要，日本战时东条内阁决议，利用伪“华北劳工协会”，在1944年7月至1945年6月间，先后三次虏押、绑架年轻的中国军人（包括少数八路军官兵、游击队员）、平民共986人到日本秋田县鹿岛组的花冈矿山做苦工，其中服役中遭虐杀、暴动中牺牲的共418人。

鹿岛公司虐杀中国劳工仅是一例，类似惨案还发生在长野县木曾谷，以及北海道、京都、四国、九州等地。在整个日本侵华战争过程中，日军强掳38915名中国人到日本，为35个公司的135个工地充当无代价劳动力。肉体加精神的胁迫，致使6830名中国劳工惨死在日本本土。这个数据是1994年6月22日日本外务省亚洲局局长川岛在国会参议院回答社会党议员清水澄子质询时所披露的。

“只要一听到花冈惨案，我就感到窒息般痛苦。”中国人民的老朋友内山完造先生说，“纵令在战争期间，但试问这样的事件是人世间所应有的吗？而且一想到这是由我的同胞动手干出来的事，那就不止惭愧和悔恨，还要泣不成声了。”

森森遗骸，垒垒白骨。留日华侨总会和日本中国友好协会等22个日本友好团体经过努力，于1950年几度到花冈等地收集散落的遇难中国劳工遗骨，集八箱。连同其他地方收集到的共560具，分装431匣（其中有几具或十几具遗骸一起火化后装入瓶子），在东京浅草本愿寺公祭后，于1953年7月7日，由日轮“黑潮丸”送回祖国。

“这些抗日烈士是中华民族的优秀儿女。”廖承志在天津塘沽码头迎接遗骨暨日本“中国殉难烈士名单捧持团”的仪式上含泪说。

耿谆，则是花冈中国劳工中的幸存者之一。

虏押

耿谆1915年出生于豫中襄城一户书香之家，少年时耿家遭受土匪抢掠，从此家道中落。

1932年，17岁的耿谆从军。从此，到被俘押日本前，他一直在15军64师191团，做过团部上尉军械官与连长。1937年抗日战争全面爆发后，耿谆随军北上山西，参加过忻口战役、中条山游击战。1944年5月，奉命回师河南，布防洛阳城郊西工（昔时吴佩孚的大营盘），投入惨烈的洛阳保卫战。敌使用坦克、重武器轮番进攻耿连阵地西下池整整一天，耿谆身负六伤，终于成功地掩护64师向邙山撤退。昏死过去的耿谆被抬到战地救护所急救。不久，191团撤至洛阳城内。10天后，伤口略加复合的耿谆重返前线，带领他的连到东关车站御敌，殊死战斗一天，腹部被子弹打穿。1944年5月28日，洛阳陷落，中国军队损失三个师。重伤的耿谆被俘。

抗日战争后期，日本连年穷兵黩武，国内经济不堪重负，为弥补劳力严重不足，东条英机内阁通过“促进华人劳工入境”决定，于1943年、1944年间先后在中国抓了近4万名中国军人及农民、商贩、店员、学生等平民，运往本土，分配到35家公司的135个工地，从事暗无天日、朝不保夕的奴隶劳动。耿谆重伤不死，却陷入了这一生不如死的苦难境地。

1944年7月，耿谆等一批战俘由西工营房被押往石家庄战俘营、北平清华苑战俘营，南下青岛码头。日寇从中挑选了健壮的300人，人人被绑着，在刺刀胁迫下驱使上海船，关押在装矿石的底舱，驶向日本。他们在海上航行七昼夜，其中一人哭喊着跳海，另两人因受折磨身亡，被日寇扔进海里。途中，日寇得知耿谆是战俘中军阶最高的，推他为队长。

耿谆等一行在日本下关上岸后，辗转陆路（其间又死了一人），于农历七月底被押运到东北地方的秋田县花冈町（现大馆市）。花冈是铜矿矿区，开采时污水需排出，经营的株式会社鹿岛组（现鹿岛建设公司）迫使中国劳工开凿河道、渠沟排污。耿谆等295人到达后，第二天就开始服苦役。

苦役

耿谆之后，日本战争机器又从被侵略的中国陆续虏押来700多名男性劳工到花冈，加起来近千人。他们被编成一个大队三个中队，仍推耿谆为大队长。既无契约，又无报酬，他们在敌国天天要干十五六个小时重活，无论烈日、风雨、冰雪，一样出工。稍不小心即遭监工鞭打。每人每天定量只许吃四合米（一平碗），顿顿半饱尚不能，饿得人人瘦弱不堪。饥饿的阴云笼罩在花冈“中山寮”（中国劳工宿地工棚）。到第二年农历三月间，米、面粉没有了，先是给两包马骨头熬汤，和一些干萝卜缨，后来配给不是粮食的橡子面。天天有人饿死。难忍饥馑，常有劳工借解手机会抓树叶吃，挖草根吃，也因之中毒而倒毙。还有劳工趁给病号挖土洞蒸衣服、被子时，将蒸死的虱子、小虫，抓来吃掉。一名干焚尸活的中国劳工，因为饥火烧肠，竟割下块同胞的尸肉充饥……他跪在大队长耿谆面前哀哭无泪，只求一死。还有个叫薛同道的河南籍劳工，才20岁，因病掉队，收工途中得到一位日本老太扔给的一个饭团，竟遭监工惨打致死……

油画《花岗惨案幸存者》（文麒作）

临近北海道，秋田的严冬来到了，花冈中国劳工，又一次陷入死亡灾难。他们大坝做完后，开始挖4米宽、2米深的地下水道。水沟里都结了冰，要打开冰凌渣，再跳进冰水挖石子。他们没有布鞋，穿的都是草鞋，收工后往回走，很快鞋与脚冻结在一起了，若不经慢火烤过，脱鞋时会将皮肉一起扯下来。鹿岛组没有配发棉衣给他们。寒风刺骨，大雪没膝，劳工们照样被驱出工。冻得实在开不了步，他们将水泥纸袋撕开，绑在腰间御寒。更可怜的是那些病号，饥肠辘辘，哀号着“队长，我饿极了，老冷呀……”饥寒交迫中，花冈每天都有中国劳工死亡的记录。但是鹿岛组在填表时，都写什么“患痢疾”、“日射病”。到后来一天死去四五人。日方初时是死一个火化一个，后来为节省燃料，竟积聚到一定数量，一起焚尸。

耿谆作为大队长，眼见同胞在这座人间地狱中，役若牛马，一个个被折磨死去。来时近千人，不到一年时间竟被虐害死近300人。他愤然道：“如此惨状，忍无可忍！”

鞭 毙

二战结束前夕的1945年6月，鹿岛组花冈出张所所长河野正敏、中山寮寮长伊势智得及几个监工，对中国劳工的血腥虐杀已经发展到恶性膨胀程度。

——山东籍劳工王廷邦，年老力衰，不堪劳役，上山自缢未遂，被监工福田毒打致死。

——河北籍劳工肖志田因饥饿，夜间出外觅食，抓回后，河野所长用木棍砸烂他的双腿。五天后悲惨死去。

——山东籍劳工刘发贵不堪鞭笞逃跑，抓回后，监工福田、长崎等人，用麻绞索绳蘸滚水抽打，两天后刘身亡。

大队长耿谆悲愤不已，分别与劳工难友串联酝酿举事，劳工中的核心分子已在摩拳擦掌准备暴动。而促成他们举义的导火索就是“薛同道事件”。

——薛同道已经病（饥饿所致）得不能上工了，耿谆大队长让他休息，他哭着说：“队长，我因病不上工，口粮就会减半，我饥得更厉害了，不就死得更快了？”他坚持跟大伙去上工。他返回时掉了队，得到一位日本老太给的一个饭团，但尚未到嘴边，就被监工发现，边踢边骂，“小偷的干活！”拉回中山寮，不给饭吃。晚间，集中中国劳工，监工们将薛拉出来，用木棍、皮带轮番殴打。薛同道被打得血流满地、屎滚尿流。监工小畑还不“解根”，用皮鞭没头没脑地向薛抽去……薛活活惨死在日寇的抽打狞笑毒骂中。

“辱我民族太甚！损我国人太甚！”被迫“围观”的中国劳工眼睛都出血了。

花冈的中国劳工忍耐已达极限。耿谆与李光荣、刘智渠等十多人密议，定于6月27日举事。

暴动

但是暴动日子往后推迟了三天。因为27日这天“老头太君”（50多岁）和“小孩太君”（10多岁）这两位一向暗中较善待中国劳工的监工值班，为了避免伤害他们，所以推迟了几天。事隔四十二年后，当耿谆再度造访日本时，这位叫越后谷义勇的“小孩太君”到东京成田机场迎接中国恩人，深深鞠躬致谢、道歉。

这是一场慷慨赴死的暴动。五十年后，耿谆在接受日本记者采访时坦陈：“暴动方案完全是我定的，我决定的方案是必死。”暴动完全是义举，耿谆与他的难友还“约法三章”：不准入民宅；不得恐吓老人和儿童；不准擅自离队。为什么“必死”？因为这是在敌人本土，举目是敌，举足无不陷坑，你能把队伍带到哪里去？曾有一次机会，耿谆在翻译屋里拣了一片破纸带回去，展开细看，原来是张残缺的日本交通图。他在这张地图上，看到了花冈的地理位置，它邻近本州岛最北面的青森县，两地有铁路相连。青森濒临一个海湾（陆奥湾），过一道海峡（津轻海峡），便是北海道了。耿谆当时与几个核心难友商定，暴动后就直奔北海道方向，在海边集结，如能夺得船只，“则漂流大海，任其所之；如不得手，背水与敌决一死战之后，全部投海自尽”。而且，耿谆规定“小队长以上，须各自准备自杀之利器，以备不虞”。

……举义那时刻——混沉长夜，梦游睡乡的11时——到了。按耿谆布置，仔罗（少年班劳工中被监工要去作侍候的）熟门熟路地打开了监工们住宿的房门，但未能按耿谆部署的袭击计划行动，由于外围防守30人临时失措，入室进袭的20名骨干分子耐不住，闯进去先动手了，刘锡才一棍把电话机打落，日寇惊吼而起，死命夺窗逃命，李光荣等人举锄头、劈圆锹（他们唯一的武器），分别砸死了平日恨之入骨的三个监工：猪役清、小畑之助、桧森昌治；另一个监工长崎与我劳工搏斗多时，刘锡才返身助战，一鼓作气劈死了他；翻译任风歧为虎作伥，干尽坏事，也被我干掉了。原计划还要埋锅造饭，饱餐一顿再走，但来不及了。计划中李光荣率50名中国劳工，袭击美军俘虏集中营，解救异国难友，刘锡才率50人袭警署，夺取武器——但此时敌人警报四起，不绝于耳，眼看将遭包围，耿谆果断拉起队伍，离开中山寮，但越铁路北去青森趋津轻海峡的大路不好走了，仓促中摸黑朝西南有山方向撤退。这时已是深夜1时。

这座山叫狮子森，耿谆一群尚在攀登山腰，山顶已传来敌人的狂啸声。敌方警察、宪兵、在乡军人2万多人居高临下袭击，四周合围，漫山遍野剿捕起义的中国劳工。劳工们用山石进行回击，竟击退敌人三次进攻。第四次，石块用完了，于是用锄头、铁锹、树棍呼啸着同敌人肉搏。四面夹击中，我100多位同胞当场殒命，10多位同胞跳崖，喊杀声惊天地泣鬼神。血战下来，只剩二三十人了，山坡上，已经是最后时刻了，耿谆对身边的难友说："你们各自为战吧！我，以身报国！"因刀子失了，耿谆取过李克金的绑腿带，喊了声"不要迟疑了"，一头拴上树杈，一头套进脖子，用脚猛蹬，但被李及时拉住坠地。敌人赶来了，口鼻淌血的耿谆被抓。

山上山下极其混乱，参加暴动的中国劳工非死即被捕。耿谆的小号兵王占祥（甘肃籍回民，幸存了下来，回国后参加八路军，当上营长）误以为耿谆自尽已死，哭着对难友说："大队长归天啦！他走好！是我给他磨的刀子！"

近700名花冈中国劳工起义失败了。

1995年6月，耿谆（中）与日本友人在秋田县大馆市"中日不再战友好碑"前悼念花冈事件遇难者

胜 利

花冈起义活下来的几百名中国劳工第二次成了"俘虏"，他们被倒绑着手臂，押到花冈共乐馆前广场，用铁蒺藜围了起来，罚跪三天三夜（7月1日至3日）示众，没有给过一口水，没有进过点滴食，白昼受骄阳烤晒，夜间遭寒流侵袭，饥肠辘辘，瞌睡绵绵，稍微呈现疲意，就被警宪和在乡军人用木棍猛击头颅。就这样，又有一批中国劳工血肉模糊地倒毙。一位幸存下来的劳工说，

“这种精神和肉体的酷刑”，“是千刀万剐的凌迟”。三天下来，130 多人惨死于共乐馆广场。

另一处现场：耿谆等 12 人作为主犯，被押去花冈警察署，以后转禁秋田县监狱，先后被审六次，当然少不了酷刑侍候（现在耿谆还留着痼疾，脖颈扭动时会“嗑啪”作响）。

“是不是中国政府授给你颠覆日本的任务？”来自东京的大佐宪兵司令问。

“不是！暴动是为了挽救我同胞劳工的死亡。”

“你们出去后，往哪里去？什么地方接待你们？”

“为了不在中山寮饿死。出去寻找生路，哪里也没接济。”

“按法律，打死人是要抵命的。”

“中山寮我战俘死去数百人，何人应该负责？”耿谆接着说，“我杀人，我抵命！”

宪兵司令拍案结束审讯，临了叽咕几句。翻译（中国东北籍留学生）对耿谆说：“他说你伟大！”

1945 年 9 月 11 日，日本向盟军无条件投降后的第 27 天——耿谆在秋田县法院的法庭上被“宣判死刑”。

“刑场在何处？”耿谆问狱吏。

“在仙台，宫城县的仙台是秋田的南邻。”

“哈哈！死能上仙台，大快事也！”

紧接着戏剧性的故事接踵而至：

一位反战大学生小长光（曾行刺过东条英机）闯进死重犯监狱，向耿谆等展示“小字报”：“日本战败”、“世界和平”。

三位中国留学生及 20 位中山寮难胞进监狱，慰问耿谆等 12 位难友，告诉日本真的战败了！“队长你可以到东京去了！”耿谆则对获得自由的同胞说，你们出去散心要在一起，不准入民宅（日本），不许做坏事，要保持中国人的尊严。

一位美军军官在日方监狱长、庶务课长陪同下来巡视，同耿谆握了手。

耿谆虽然还穿着囚服，但在狱中成了座上宾。

1946 年 5 月，耿谆等 15 人出狱，并由美军派员护送到东京。自此，这位曾经被虐待、被侮辱、被判死刑的中国劳工，成为控告日本法西斯滔天罪行的见证人。

1947 年 11 月 26 日，国际远东军事法庭 BC 级法庭在横滨开庭，鹿岛组花冈出张所所长河野正敏等七名战争罪犯被押上被告席。庭长、盟军上校铁武斯说：“战争制造者以及战争中的犯罪人是要澄清的，他们的罪是要究明的，以儆来兹。”1948 年 3 月 1 日，大雪纷飞，横滨法庭对花冈出张所的战犯作了宣判：

前出张所所长河野正敏，判处无期徒刑。

前中山寮寮长伊势智得，判处绞首刑。

前中山寮辅导员（即监工）清水正夫，判处绞首刑。

前中山寮辅导员福田金五郎，判处绞首刑。

前花冈市警察署署长三浦太一郎，判处 20 年徒刑。

前花冈派出所特高课巡查部长后藤健三，判处 20 年徒刑。

前花冈出张所庶务课长紫田三郎，无罪释放。

中国劳工胜利了！但他们付出了无比沉重的代价。

第一诉

耿谆 1946 年幸运地回到家乡。父母犹在，忠贞的妻子等着他。团聚后，生儿育女。以后经过 40 多年沉浮，1984 年起，农民耿谆先后当选为河南省襄城县政协委员、政协副主席，平顶山市政协常委。在那些日子 里，他不忘民族屈辱与伤痛，除了飞赴日本伤心地祭祀慰灵难胞外（1987 年），更以“鹿岛组花冈强制劳动幸存者及死难者遗属联谊筹备会”会长身份，于 1989 年 12 月 22 日发表《致鹿岛组的公开信》，提出正当的也是最起码的要求：

鹿岛组应郑重向我罹难死亡烈士的遗属及幸存者声明谢罪；

鹿岛组当在日本大馆市及中国北京，建立具有一定规模的花冈殉难烈士纪念馆；

鹿岛组必须向我花冈受难者 986 名（死者遗属及幸存者）每人赔偿 500 万日元。

耿谆说花冈惨案“留下千古悲痛”，“如果鹿岛组仍然置若罔闻”，“我们的子孙后代，将会永远向鹿岛组声讨此笔血债!”

这封公开信厘定了耿谆对日本鹿岛公司“世纪诉讼”的底线。其实这三条要求合情合理，表明了一个大国民族的宽宏胸怀。

先是 1990 年 7 月，耿谆赴日，暨律师新美隆等一行与鹿岛建设株式会社代表副社长村上光春举行会谈，5 日发表《共同声明》，称：“中国人在花冈矿山出张所遭受的不幸是历史事实。”“鹿岛建设株式会社承认这一事实，承认作为企业也有责任，并对中国劳工及遗属们表示深深的谢罪之意。”但通过什么方式来表示“谢罪”呢？这份共同声明并没有具体回应《公开信》第二、第三条要求，只是空泛地说“应该通过双方会谈努力解决上述问题，以期问题尽快解决”。

这样一拖，过去了四年多，耿谆拍案而起，发表《再致鹿岛组公开信》（1994 年 11 月 11 日），开门见山地责问，“花冈惨案是一笔血案，人尽皆知。”

“如果你们明智的话，早就应该自觉地寻找受难的幸存者和死难者的家属，给予补偿，表示悔过。”但“你们怙恶不悛，采取推诿，导致你们的残暴行为，远扬国外，臭名昭著!”耿谆直击要害地指出：虏押是日本侵略军的责任，“而虐待中国战俘劳工致死，是你鹿岛的绝对责任，是杀人犯罪行为，你们能逃脱吗?”在第一受难者耿谆眼里，为花冈死难者建立纪念馆，“是你鹿岛大公司的风度，过去的罪恶，就会消逝，这有什么不好?”“至于区区500万日元就能抵一条命么？这不过是对受难者象征性的一点点抚慰而已。”

相比之下，二战中另一个无条件投降国——德国就不同了，德新社说：“为对战争受害者进行赔偿确立一个法律基础问题，德国在40年前就解决了。它在1956年通过了《联邦赔偿法》。而日本如果想避免今后若干年里因为它的这段不光彩的历史而被传媒大加抨击的话，它就必须在这问题上找到一种符合法律的解决办法。”它客观地评论日本政府，“东京这种顽固拒绝态度，迄今为止一直防碍着日本和它的二战敌国和解。”退一步说，“对个人赔偿2.2万美元实在是不多的。”

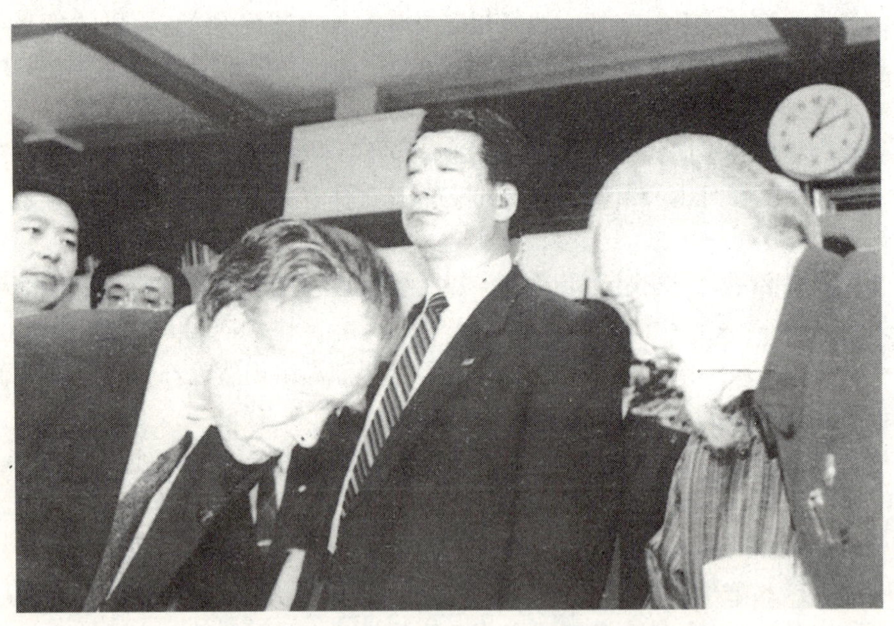

1994年11月，耿谆（右）与日本首相村山富市（左）

但是总部在东京都港区的鹿岛建设株式会社就是冥顽不化。于是，在世界反法西斯大战胜利50周年纪念之际，也就是花冈暴动50周年的前夜，1995年6月28日，耿谆等11人原告团赴日，聘请新美隆等16位律师组成的诉讼代理团，向东京地方法院提起诉讼。

"日本战败后，经远东国际BC级横滨法庭审判，仅将其直接打死中国人的伊势智得等人判刑，但虽经判刑，也未执行。并且鹿岛组虐待中国人主要责任者（鹿岛上层决策者）却逍遥法外，没有受到应有的惩罚。

"五十年来，无时无刻不在为花冈受难和死难同胞所遭受惨况积愤于胸，不能释怀。鹿岛建设必须承认罪责，作出补偿。如仍怙恶不悛，足以证明鹿岛当年凶残成性，实属人间败类。我受难生存者和死者遗属不会甘心罢休!"

12月20日，第一次开庭，耿谆在法庭上作陈述。最后他回顾了1989年提出三项要求后的两次谈判（1990年、1994年）无果情况，义正词严地说："期待法律的正义和公平，使花冈死难的中国人，五十年沉冤，得以昭雪，进一步树立人类正气，讨还人间公道。"

当年海外媒体称耿谆这次起诉，是中国公民首次向日本法院控告二战中负有罪责的日本企业的民间索赔案。

它引起世界舆论的普遍关注。

东京地方法院受理此案后，历时两年半，先后开庭七次，于1997年12月10日，第七次庭审中，仅用10秒钟时间，宣告因失去时效，花冈中国劳工原告败诉（驳回原告一切请求；诉讼费由原告负担）。

"和 解"

耿谆的原告诉讼团（原告团、律师团）继而向东京高等法院上诉（1997年12月20日）。高院开庭受理此案（1998年7月15日）。日历很快翻到20世纪最后几页，1999年9月10日高院提出"职权和解劝告"，要求原告、被告在1990年《共同声明》的基础上，进行庭外调解。双方同意调解。

但是调解的结果，即所谓"和解"，与原告本意背道而驰。耿谆看到日文文本（日方自定"本和解以日文版为正本"）时，不禁怒吼："渴死不饮盗泉之水，饿死不食嗟来之食！我唾弃鹿岛公司施舍性的所谓'捐出金'!"

鉴于跨国官司，因签证、交通、语言、文字等诸多不便，耿谆的原告团就委托日本律师团全权与鹿岛公司谈判，进行调解。于是2000年11月29日，在耿谆完全不知情的背景下，"双方"达成了和解。这是什么样的"和解"呢？

——彻底推翻虐杀中国劳工罪责。说被控诉人（即鹿岛公司）主张，1990年的《共同声明》并非承认自己负有法律责任。"本社在不承认诉讼内容法律责任的前提下，进行和解协议"。还说对中国劳工"本社诚心诚意予以最大限度的照顾”。

——改变法律赔偿本义。说“向利害关系人（系指中国红十字会）信托五亿日元，作为一种对在花冈出张所受难人予以祭奠”。庄严的法律索赔金变成了中国俗语中的香火钱。

——变赔偿为善施、友好基金。鹿岛公司甚至要求“利害关系人”将这笔“信托金”作为“花冈和平友好基金”进行管理，“用于对受难者的祭奠以及追悼、受害者及其遗属的自立、护理以及后代的教育等方面”。它岂不成了富翁对贫民布施？

——甚至要控制“信托金”的运营。要求成立基金运营委员会，在选出委员会时，“被控诉人”（即鹿岛公司）可以在任何时候指派一名委员。

——彻底否认赔偿性质。鹿岛公司口口声声称“信托金”、“和平友好基金”（当年日本主要报纸干脆称“救济金”）为“一揽子解决方案”，并声明“本基金的捐出，不含有补偿、赔偿的性质”，进而要中方承认“有关花冈事件的所有悬而未决问题已经全部解决”。

那么，这笔所谓的“信托金”、“捐出金”的金额到底有多少呢？鹿岛公司明言，“法院建议的金额”是五亿日元（折合人民币为3000万元）。按受害者受难者分摊下来，每个人只有50万日元，而发到受害者手里仅25万日元（折合人民币1.5万元）而已，仅为1990年“共同声明”中提出的赔偿金额的十分之一。

2003年3月，已是耄耋老人的耿谆，接到寄来的“和解”文本及鹿岛公司的“声明”后，细读之下，义愤填膺，当场昏厥，被送入医院急救，醒来忿忿道，“和解”所列条款，连1990年“鹿岛”的谢罪也被推翻，至于建纪念馆只字不提，付出区区5亿日元，称什么“捐出”。岂有此理！14日，他顶住了多方压力，通过有关媒体，发表《严正声明》：“耿谆一如既往地反对屈辱的和解，拒绝领取可耻的鹿岛捐出的发放金。”“耿谆是花冈诉讼的首席原告，对和解一案并未在和解文本上签字，和解对耿谆无效。”“根据这份‘和解’，我们这些受害者，连伸冤的机会都被剥夺了。”“那么多的血债，我们这辈子未能讨回，还有我们的子孙，我们将永远斗争下去！”

拒绝接受“和解”的还有花冈受害原告、遗属代表孙力、鲁堂锁等受害者和遗属，表示要继续追究鹿岛公司“政治的、经济的、法律的、道义的责任”。

东瀛良知

鹿岛公司不肯建花冈暴动烈士纪念馆，但大馆市民却在当年举义之地竖起了一座“中国殉难烈士慰灵之碑”，碑后铭有418名花冈罹难者的名字。慰灵碑之侧还有罹难者的纳骨堂。去过那里的加拿大教师珍妮告诉耿谆：“当地的日本人说，‘花冈暴动是中国人的义举’。”

1985年，花冈暴动40周年之际，日本秋田县大馆市政府在大馆举办悼念殉难中国劳工活动。早一年（1984年），东京“不死鸟”话剧团在东京、台北公演了活报剧《怒吼吧，花冈!》。越二年（1987年）耿谆应日本参议员、日中友协会长宇都宫德马等政界名流邀请，重访故地。6月30日，他参加了大馆市为纪念花冈暴动42周年而隆重举行的慰灵仪式。该市市长代表大馆市民对花冈暴动的殉难者表示深切的哀悼，并说，“过去的战争给中国人民造成了巨大的不幸，我们要反省过去，捍卫今天的和平，不让历史的悲剧重演。”前来参加慰灵仪式的日本著名社会活动家、国会议员田英夫说，镇压花冈暴动事件是日本军国主义者犯下的侵略罪行的典型事例之一，而有关当局对这一事件仍没有认真承担起历史责任，这是令人难以容忍的。

1994年，耿谆为向东京地方法院起诉，以“花冈受难者联谊会”名誉会长身份，再次赴日。11月4日，他在东京永田町议员馆内，得到内阁官房长官五十岚広三接见。五十岚代表日本政府首次就“花冈事件”表示道歉，说：“实在对不起，由衷地表示道歉。”

1995年6月30日，秋田县大馆市举行千人参加的中国殉难者50周年慰灵祭奠，众议院议长土井多贺子在仪式上说，50年前的花冈起义将永垂青史。我们应对历史进行深刻反省，回顾日本发动战争所造成的惨祸，向死难者致以诚挚的悼念，同时不断努力，决不再重蹈历史的覆辙。

村山首相发来了慰问电。

这次慰灵活动中，大馆市民又捐资建造了一座“中日不再战友好碑”。这座碑坊坐落在当年中国劳工集中营“中山寮”旧址，6月30日，耿谆一行前去献花悼念。悼念人群中有两位特殊人物：小林节子、猪役朋，他们分别是花冈暴动时被处死的原出张所监工桧森昌治的女儿、猪役清的弟弟。他们一见耿谆等就频频代父、代兄请罪。“父兄们干了很多坏事，请你们原谅!”

素不相识，已经隔了三代的青年女教师伊藤咲子受耿谆宽厚人格感召，泪流满面地写信给这位花冈暴动领袖的世纪老人，为“日本对中国人有过这么冷酷的虐待”而“感到羞愧”，“对日本人所犯下的这罪行，我从心底感到深深的歉意，禁不住忏悔不已”。这位 1971 年才出生的秋田市民最后献上一瓣心香——

“在佛的面前，我要为在花冈事件殉难的中国人得以成佛，并为中国和日本永远和平而祈祷。”

晚年时的耿谆

深藏在黔东南大山里的日军战俘营

——兼记抗战时期反战和平运动

姜龙飞／文

一

恕我寡闻，这一处的遗址，真的给我以迎头撞见的惊异感。

完全没有心理准备。一路走来，黔东南的自然山水、原生形态，已把我的心理走势定格在了江山形胜、移步换景之上，没有对人文的太多预期，尤其没有对现代战争人文遗址的预期。印象之中的贵州，似乎与战争没有多大关系，它是被深藏的瑰宝，蛰伏在绝少现代干扰的西南腹地，在没有巡航导弹的年月里，绵绵山峦，好像只是流寇和土匪的乐园；地无三尺平的地理形貌，是大兵团作战的陷阱。近代以降，别说八国联军了，就连小日本在中国的国土上肆虐了八年，也没有能力最终染指那片山水。

镇远，这个“据沅江之上游，当滇黔之要孔”的古镇，据说当年曾是南方丝绸之路上的要津，为中原出入云贵所必经，引天下商人云集，现在依然袖珍并美丽着，古城内的众多历史建筑保存完好，早在1986年就被国务院列为全国第二批历史文化名城。在贵州本土文人的笔下，镇远是不逊苏州，堪比威尼斯的东方水都。虽然我有些将信将疑，但如果没有相当的底气，谁敢把话说得如此之满？于是，这更加重了我对这座城池的预期，尽与美丽和辽远相关——“右看滇南头，左尽楚北尾；苍茫俯群山，浩浩烟波起”——而与战争无关。

意外是超越承诺的惊异。

国民政府军政部第二日军战俘收容所，又名和平村，蓦然撞入我的眼帘，完全超出了黔东南对我的承诺，它是隐藏在普通街巷民居中的一个意外。八年抗战期间，这里居然关押过多达500人（一说700人）以上的日军战俘。就这样，西南腹地的贵州、关山叠嶂的镇远，便和九百六十万平方公里土地上的兵燹狼烟续上了火，和曾被涂炭的数万万同胞接上了气，和整个灾难深重的中华民族对上了血脉。

镇远日俘收容所大门

二

黔东南全称黔东南苗族侗族自治州，因位于贵州省版图东南部的苗、侗少数族裔聚居地而得名。镇远是该州所属的一个县，坐落在从云贵高原向湘西丘陵过渡的斜坡地带，县域东界已与湖南新晃相衔。镇远历史悠久，据说早在公元前277年的秦昭公30年，就已建县，史称巫阳（与界内舞阳河谐音），距今已近2300年。唐长安四年（公元704年），镇远建州（1956年撤专区改县），距今也有1300多年了。可见此地一直在中央政府的有效辖制之内，政令畅通，臣民膺服，因此被认为是内地与边陲的分水岭——向北或向东一步，就是连通中原的湘鄂大地，与统治中心同声相应；向南或向西半步，乃入鞭长莫及的西南边陲，天皇老子莫奈其何。据史籍记载，早在元代，中央政府就在此驻军逾万，最盛时的清咸丰、同治年间，驻军多达2万以上，可见统治者对此地的重视。有驻军就会有军需，有军需就必然会拉动商贸，无怪于历史上镇远曾繁华如市。镇远这个地名，显然是中原统治者以自身为本位而确定的：威镇远方。不惟如此，镇远还被统治者当作军事桥头堡，发威边陲，震慑西南，因而其境内至今仍可见当初明朝统治者为控制“苗疆”、防范苗民起义而砌筑的“边墙”，人称“南长城”或“苗疆长城”。边墙起于湖南凤凰，迄于贵州铜仁，蜿蜒起伏300余华里间，最重要最雄奇的所在，便位于镇远石屏山一段。

抗日战争爆发以后，无论是与日军正面对抗的国民党军队，还是坚持敌后沦陷区游击战的八路军、新四军，都在历次战役中俘获了大量日军俘虏，这些俘虏除一部分被八路军、新四军送往延安日本工农学校，和就地留在晋、察、冀、鲁，以及江南各抗日根据地教育改造外，大部分都被移送国民政府分设在各国统区的四个战俘收容所关押。这四个收容所分别是：

一、军政部第一俘虏收容所。建于1938年，所址西安，为国民政府军政部直属，主要关押北方各战区俘获的日军战俘和八路军移送的一些冥顽不化、对抗改造的日军俘虏。抗战胜利后的1946年4月，所押俘虏被悉数遣返日本。

二、军政部第二俘虏收容所。1937年11月首建于湖南常德，冠名“和平村”，亦为国民政府军政部直属。1938年底由常德暂迁湖南辰溪县，随后继迁贵州镇远；先暂驻城内两湖会馆，最后常驻原镇远总兵署中营衙门“贵州省模范监狱”内，时间长达6年之久。据档案记载，前后关押日军俘虏500人，这些俘虏包括日籍、朝鲜籍、中国台湾籍和一些身份不明的哑巴。1944年11月下旬，侵华日军为挽救危局，兵分三路由广西直逼黔南，先后攻陷黔南专员公署所在地独山县城，及荔波、三都、丹寨等县，威胁镇远。为防不测，和平村已于此前的8月紧急迁址重庆巴县鹿角场，以后直到1946年4月所押日俘全部遣返日本。

三、军政部第二俘虏收容所重庆分所。这个分所的驻地分散，除位于重庆长江南岸名胜南温泉附近的所本部“博爱村”外，还开辟有太阳山临时俘虏收容所，位于重庆旧城西城临江门内原四川省立第二女子师范学校内；以及后来在博爱村本部附近扩容的两个村寨，正义村和新亚村，分别关押朝鲜籍和日籍俘虏。重庆分所始建于1939年夏，同样结束于1946年4月日俘遣返日本之时。

四、桂林临时俘虏收容所。1938年10月武汉失守，一个月后，蒋介石撤销广州、西安、重庆三行营，任命桂系将领白崇禧出任新设立的桂林行营主任，白遂于1939年设临时俘虏收容所于桂林市中心宪兵司令部，以加强“敌情研究和对敌宣传”。首批关押的50名日俘中有日本驻越南河内领事馆的书记生盐见圣策。此人1939年3月在中越边境镇南关处越界，沿边境线一路拍摄间谍照片，专门搜集中方物资运输聚集情报，被逮捕后原本要处以极刑，后经桂林行营参谋处长吴石中将担保免于一死，转变立场，被押于临时收容所。也许是出于教育感化的需要吧，白崇禧为收容所起了一个颇为儒雅的名字：“苏生学园”。但雅号并未能阻止收容所管理方的不雅之举。1939 年 7 月这里曾发生收容所所长克扣俘虏伙食费中饱私囊的丑行，激起日俘的强烈不满。后经行营参谋处查实，原所长被逮捕监禁。抗战结束后，苏生学园同样终止于 1946 年 4 月。

光阴如梭，世事倥偬，以上四个日军俘虏收容所的遗址如今已大多不存，仅剩镇远收容所院落尚存、监舍依然，1985 年被贵州省人民政府确定为重点文物保护单位，接受来自全国各地、乃至世界各国怀旧者的参观游览和探究凭吊。

三

事后恍悟，此去镇远，其实最宜水路，遗憾的是组团方并未作如是安排。镇远依山而筑，沿江而建，一条舞阳河穿城而过，S 形的流程把古镇分割成了非常对称的南北两城，从航拍照片的效果看，像极了一幅阴阳太极图，镇远也因此而有了卫、府两城的分设。舞阳其名既源自秦制“巫阳”，同时又谐音“无阳”，很明白地告诉后人，这是一条缺少日照的河流。缺少的原因，无非一指黔东南多雨，难得露阳；二指河流两岸多峭壁高耸，遮天蔽日。所谓“天无三日晴，地无三尺平”的贵州民谚，同样概括了黔东南。于是，许许多多的地理人文、史迹典故，便因了这趟阴郁醇厚的流水而曲曲折折地胚胎孕生。外人若以水路进入，对其中造物主所隐匿的天机，或可窥测一二亦未可知。

在华日人反战同盟西南支部巡回工作团

所谓卫、府两城，顾名思义，拱卫城池的驻兵之地即为卫城，政府所在之地则为府城。军政分设，南北牵制，互不相扰；一武一文，隔岸相望，各行其是。如此布局既符合阴阳调和的太极理念，又与现代政治学的权力制约观不谋而合。笔者虽未对其分设的缘由进行过考量，但仅从其现存的形态看，在封建年代也属十分罕见，很值得作点猜想。

按照卫、府两城的分设规律，我们可以推演，原为镇远总兵署中营衙门和“贵州省模范监狱”所在地的军政部第二俘虏收容所，因与军事方面的瓜葛，当位于舞阳河南岸的卫城。在撰写本文时，我按这条逻辑进行了核对，果然没错。

在军政部第二俘虏收容所迁址镇远之前，原镇远总兵署中营营盘已于民国初年被改建为“贵州省模范监狱”，把俘虏营安排进监狱，顺理成章。此处坐南朝北，八字形大门临街而立，门前一条西门街横贯卫城东西，沿街东通国家级重点文物保护单位青龙洞古建筑群，西出卫城西门可直抵苗寨；正面向北有石板路，经北门街连舞阳河名胜杨柳湾。收容所背负五老山，其西南角为五云峰，峰顶寺庙当初特设为牢狱，专门关押越狱潜逃俘虏及滋事伤人的严重违规俘虏，由重兵把守。据档案记载，峰顶牢狱在收容所期间先后关押过越狱俘虏四人，滋事俘虏七至八人。越狱俘虏中有一人为乌克兰人托马诺夫，他跟着几个日本俘虏越墙而出，相信了他们的 忽悠，说一路向东就能回到日本，但最终在镇远焦溪农村被逮回，课以重罚。滋事俘虏则多为日本人。这些被单独监禁的俘虏情绪对立，精神苦闷，很少有机会户外活动，健康状况日益恶化，大多变成了这场不义之战的牺牲品，葬身黔东南深山。

进入收容所前院，迎面便是一排横向矗立的二层楼房，砖木结构，东西走向，灰墙黑瓦，气氛肃煞；四扇车库大门上，至今刷有“抗战到底”四个繁体空心大字，自右向左书写，保持着那个年代的习惯，白色的墨迹叠印在蓝色的车库大门上，有青天白日之效，字迹清晰，笔力遒劲，显见得是今人在原有墨迹的基础上不断描画刷新的结果。

收容所后院是一栋南北向的长方形木结构建筑，与前院东西向的二层楼房恰成丁字形排列，面积达 823 平方米。此建筑物是一座会堂式的大房子，外形怪诞：顶部覆以瓦片，南北两面用砖墙封闭，仅留气孔状方形小窗，东西两端则以木梁支撑，未砌墙壁，全然敞开。建筑物内部前端有一座舞台，可供集会演讲和文艺演出之用，舞台左右有耳房，东西两侧各有二层厢楼，原为观赏演出聆听讲演所用，但当初为缓解监舍不足，两侧厢楼均被用木板分割成若干独立小间，安上木床，供俘虏住宿，每一小间对应一扇气孔样方形小窗，完全是一副牢房模样。

后院空地当初曾被俘虏们垦殖为一片蔬菜园，四季青葱，其间还有一眼他们自挖的泉水井，水质清纯，滋味甘冽。

包括前院后院，整座收容所占地面积 6192 平方米，总建筑面积 2382 平方米，四周被高耸的院墙围裹得严严实实，据说当时院墙四角均砌有岗楼，驻扎在此地的国民党军虽为一个连的建制，实际只有一个排；沿高墙修建了许多披厦，当初曾被作为浴室、病房、厨房、医务室、食堂所用。遗址内现存的这些建筑物和高墙显然还都是当年遗物，只不过留有后人修葺的痕迹。站在高墙之下，笔者1米75的身高，充其量仅触其腰眼；墙头之上攀附着藤状植物，青绿的叶片与黯淡斑驳的墙面对照鲜明，给人以沧桑远逝的强烈暗示。

四

无论镇远或其他三座现已消失的收容所，据说当初均没有被作为单纯的监狱看待，更没有变成欧洲战场上的奥斯威辛，而是如前文白崇禧所言，被视为“敌情研究和对敌宣传”的场所，负有对战俘施行教育改造的使命。在第二次国共合作期间，这一使命的实际行使其实基本上落在了共产党人的肩头。经过多年的政治军事较量，连蒋介石最后也不得不承认，在意识形态方面，共产党才是真正的专家。

在日军战俘中有效开展反战和平运动，是包括镇远在内的四座收容所最大的政治收获。

在即将告别镇远第二俘虏收容所遗址的前几分钟，我注意到门前墙面上镶嵌着一面石碑，上面镌刻的文字耐人寻味：

贵州省重点文物保护单位

在华日本人民反战和平同盟和平村遗址

贵州省人民政府

一九八五年十二月二日公布

镇远县人民政府立

作为省级重点文物保护单位，贵州省在公布遗址时显然颇费斟酌，他们没有把这里作为战俘收容所来凭吊，而是换了一个角度，从另一个积极的侧面对此加以缅怀。

化干戈为玉帛，一种中国式的智慧表达。

但这样一改给后人的理解带来很大麻烦：这里首先是战俘收容所？还是反战同盟和平村？起初我也差点被搞糊涂，直到一圈兜下来，很仔细地看了很多说明文字，才搞清楚。这里首先仍是一个收容所，或曰监狱，其中大部分人是被剥夺自由、强行关押的俘虏，只有很少一部分最后被成功洗脑，成为反战和平人士，全国四个收容所加起来充其量不过百余人。即使这部分俘虏，实际上也得不到国民政府的充分信任，基本上仍出于被监视、甚至被关押的状态。毕竟人心隔肚皮，在你死我活的战争年代，该相信谁和不该相信谁，真不是件容易判断的事。我们似乎不必美化严酷战争的副产品，更没必要颠倒从战俘营到和平村的逻辑次序。

反战运动是发生在20世纪上半叶的一场国际性的、进步的群众运动，运动的发起背景和那一时期战火频仍的世界局势密切相关，其主旨在于制止帝国主义侵略战争，维护世界和平。作为后人，我们姑且不论这场和平运动在离开了“以战争制止战争”这一毛氏真理后的实际成效如何，但它所弘扬的那种人道精神，至今仍在地球村的各个角落此起彼伏。

早在1917年的俄国十月社会主义革命胜利后，苏联政府就把每年的8月1日定为“国际反对帝国主义战争日”，简称“国际反战日”。此为国际反战运动之嚆矢。

1927年2月，由宋庆龄联合苏联作家高尔基、法国作家罗曼·罗兰、法共党员作家巴比塞等人共同发起组建的“世界反帝国主义同盟”（简称“反帝大同盟”），在比利时首都布鲁塞尔成立。1932年8月，“反帝大同盟”在荷兰首都阿姆斯特丹召开大会，全球29个国家2000多代表出席，会议通过决议谴责日本帝国主义对中国东三省的侵占行为，呼吁制止日益迫近的战争危险。1933年6月4日至6日，由德国、波兰、意大利三国进步工会发起的“国际反法西斯同盟”在巴黎召开成立大会，三天内到会的欧洲各国代表多达3500人。同年8月，“反帝大同盟”和“国际反法西斯同盟”合并，改称“国际反战反法西斯同盟”。

很快，波澜起伏的世界反战浪潮就延伸到了中国。1933年8月30日，远东反战会议在上海秘密召开，中共江苏省委宣传部长冯雪峰受命组织了这次会议。会议主席团由宋庆龄，“国际反战反法西斯同盟”代表、法共机关报《人道报》主笔瓦扬·古久里，英国工党马莱爵士等四位国际代表和中国东北三省代表、义勇军代表、苏区代表等共同组成，名誉主席团由毛泽东、朱德、鲁迅（未能亲临会议）和法国罗曼·罗兰、巴比塞，苏联高尔基、伏罗西罗夫，日本片山潜，美国德莱塞，德国台尔曼等组成。宋庆龄致开幕词并作中国反帝情况报告，马莱作国际反帝反战情况报告，中共苏区代表作苏区反帝反战报告。会议通过了反对日本帝国主义侵略中国和反对帝国主义战争宣言，通过了反对帝国主义和中国军阀进攻中国工农红军，及帝国主义武装干涉苏联抗议书。然而，由于会议鲜明的红帽子倾向，遭到了国民党政府的竭力阻挠和镇压。还在会议召开前的8月16日，参与大会筹备会的150余人不幸被逮，大部分人惨遭杀害。考虑到安全因素，鲁迅虽然没能亲临会议，但仍捐款补助会议经费，还于会前亲往北四川路天潼路伊赛克寓所会见了借住在那里的法共著名作家瓦扬·古久里。8月18日，鲁迅与茅盾等联名发表了欢迎远东反战会议代表的《宣言》。12月

6 日，鲁迅在写给萧军萧红的信中说：“（远东反战会议）结果并不算坏，各代表回国后都有报告，使全世界是更明了了中国的实情。我参加的。”鲁迅对远东反战会议的支持，江西瑞金出版的中共中央机关报《红色中华》1933 年 11 月 26 日给予了报道。

鹿地亘（前排右三）等反战同盟盟员在桂南昆仑关抗日前线

与世界反战浪潮同步，日本国内的反战运动也呈水涨船高之势，应当说，这是日本民族中一些独立的知识分子和社会阶层殊堪宝贵的一面。“九一八事变”爆发后不久，日本国内的共产主义组织即在东京成立了日本反战同盟，抗议日军侵占我东三省，日共著名作家、日本无产阶级作家同盟中央委员兼书记长小林多喜二因此而被捕，不幸牺牲。日共领导人野坂参三 1941 年 11 月 11 日在延安《解放日报》发表《日本共产党和日本人民的反战斗争》一文，对日本民族最具独立精神的先进分子的反战传统回顾到：

……当一九零四年日俄战争爆发时，还很年轻的日本社会主义者，便即刻突破了排外主义的风暴，坚决地反对战争，并且派遣他们的代表——片山潜，出席了第二国际的大会。片山潜在会议席上与俄国的代表普列汉诺夫紧密地握手。一九二二年日本共产党刚一产生，就组织了反对日本军阀出兵西伯利亚的群众运动，迫使政府撤兵。一九三一年发生九一八事件时，日本共产主义者，不顾死刑的威胁，在全国范围内展开了英勇的反战斗争。当时从东京、大阪等大城市直到北海道一带偏僻的农村都进行了规模大小不等的非法的反战示威运动，在一个军事工厂中组织了罢工，在东京和京都的大学校里举行了反战的集会，在九个兵营、军舰中，也建立了共产党的小组……

当七七事变时，日本法西斯政府对反战分子、进步分子等进行了残酷的镇压，但日本革命的无产阶级，却英勇地进行了斗争，在各地散发反战传单。神户发生了军需品运输中海员的罢工，东京附近的一个村庄，妇女们冲向输送军队到战场去的火车，高呼“还我们的丈夫和兄弟！”而迫使火车停驶……

日本共产主义者，同时也在中国战场上的日本军队内部，进行着活动……

据不完全统计，从 1937 年“七七”以后到 1939 年 9 月末，日本国内发生了反战运动事件 230 起，反对军队事件 413 起，诽谤军队事件 120 起；在日本军队内部也有不少反战分子，仅华北战场日军中被宪兵监视的就有共产主义者 123 人、社会民主主义者 8 人、其他人士 5 人，计 136 人。

在一个举国上下都被卷入“武士道”狂热的环境中，在枪口一致对外的“圣战”狂澜的压迫下，日本民族当中还能有如许天良未泯、清醒仅存者，勇于突破狭隘的爱国观，不能不让人叹为观止。一个民族的希望，有时或可就隐匿在这悲壮的一线之间。

五

鹿地亘，是一个在镇远日俘反战和平同盟和平村遗址陈列馆中被反复提及的名字。此人是日共党员作家，早年在日本国内从事反帝反战活动，受日本军部迫害，1936 年春携夫人池田幸子流亡上海，借住日本友人内山完造开设的内山书店，其间与宋庆龄、鲁迅等人交善。在鲁迅的直接指导下，用日文选译了《鲁迅杂感选集》出版。同年 10 月 19 日，鲁迅病逝，鹿地夫妇参加守灵和送殡，此后发表了《鲁迅和我》、《最后一天的鲁迅》、《鲁迅的回忆》等纪念文章，并由此开始了长期的旅华反战生涯。

抗战爆发后，经周恩来、郭沫若倡议，在郭沫若、冯乃超直接指导下，在华日本人民反战革命同盟（简称在华日人反战同盟）得到蒋介石的批准成立。但由于深恐被共产党人执掌了领导权，这个同盟的组建频遭国民党顽固派阻挠，一度停留于纸面，迟迟没能在战时陪都重庆面世。无奈，鹿地亘只能相机于 1939 年 11 月 25 日，先在桂林白崇禧行营的临时战俘收容所，即苏生学园，挑选 11 名具有反战倾向的日军俘虏，成立了在华日人反战同盟西南支部。而其总部，直到第二年的 1940 年 7 月 20 日，才由鹿地亘在军政部第二俘虏收容所重庆分所、即博爱村，挑选了 16 名日俘组建成功。也就是说，在华日人反战同盟总部的成立，要晚于它西南支部的成立，儿子倒比老子先来到了这个世界。

然而好景不长，仅仅一年多之后，在华日人反战同盟西南支部即于 1941 年

8月，被何应钦下令解散。8月25日，包括西南支部及重庆总部在内，在华日人反战同盟的所有盟员，统统被遣送镇远，理由是这些人没有被改造好，必须重新监禁洗脑。鹿地亘遂以这些人为班底，组建了和平村训练班。何应钦对日俘的绝对不信任，估计会有反共防共的考虑，但以为这就是他唯一的动机，恐怕也不尽然。战争年代，多留一份小心未必是坏事。

曾经在日本留学、生活过多年的郭沫若，在第二次国共合作期间任国民政府军委会政治部第三厅厅长，出于对日本民族的深切了解，尤其关注对侵华日军的反战宣传。据其在《洪波曲》一书中的自述，1938年3月下旬，他在一次前往时任政治部部长陈诚公馆吃午饭时，曾鼓动陈诚："对敌宣传要搞好，单靠几个从日本回来的留学生是不行的，一定得请些日本朋友来帮忙。"

鹿地亘便是郭沫若十分倚重的日本朋友之一。郭向陈诚郑重举荐了鹿地亘，得到陈的首肯后，即于当月月底正式聘任鹿地夫妇为政治部设计委员，实际担任第三厅第七处顾问，每月车马费各200元。可以说，鹿地旅华期间的所有反战活动，都得到了郭沫若的直接指导。1938年8月，经郭沫若指派，享受少将待遇的鹿地亘前往湖南常德军政部第二俘虏收容所，广泛接触采访了在押的日俘，写成长篇纪实报告《和平村记事——俘虏收容所访问记》，由冯乃超、邢桐华汉译后连载于1939年上半年《救亡日报》。而郭沫若对陈诚的影响，显然并不止于此，反战同盟西南支部的建立，就是陈诚应白崇禧之请，在1939年11月日军发起桂南作战之前，紧急敦促鹿地亘前往桂林实施的，以"伺机行动"，支援前线。

桂南作战缘起于1939年11月15日，入侵华南的日军第二十一军为截断中国获取国际援助的桂越交通线，威胁我西南大后方，集结三个师团和部分海军陆战队3万余人，在广东钦州至防城之间的龙门港突然登陆，24日占领南宁，紧接着推进到南宁市东北59公里处的军事战略要地昆仑关。为保住桂越国际交通线，蒋介石除调集第四战区张发奎的广东部队外，又调第五、第六、第九十九、第三十六军及上百架战机紧急入桂参战，共集结部队15万余人，于12月17日发起反击。杜聿明指挥当时中国唯一的全机械化第五军担任总攻，步、炮、坦协同作战，渗入敌后，两面夹击，在三角山等地歼灭日军第五师团有"钢军"之称的第二十一旅团，击毙旅团长中村正雄少将，并在第六十六、九十九军等部的增援下，于12月31日收复昆仑关。此即抗战史上著名的昆仑关大捷（次年2月3日得而复失，白崇禧、陈诚等高级将领受到蒋介石降级处分）。

鹿地亘到达桂林后不久，即接到白崇禧行营参谋处长吴石[①]中将11月21日从广西迁江前线指挥部发来的急电："请率领反战同盟同志紧急出发到前线！"12月25日，鹿地亘于匆忙间从桂林俘虏收容所挑选了11名已转变立场的日俘，成立了反战同盟西南支部，再从中精选七人组成战地工作队，次日一早开赴昆仑关前线。

战役结束后，1940 年 11 月 7 日，鹿地亘回到重庆，写成了 9 万余字的长篇报告文学《我们七个人》，记录了反战同盟西南支部七人战地工作队从 1939 年 12 月 25 日到 1 月 4 日，在昆仑关前沿距敌阵 300 米处用日语进行战地喊话的经历。斯时，皓月当空，炮火嘶鸣，但当鹿地亘等人的声音通过广播喇叭蓦然响起，中方阵地顿时重炮暂歇、枪弹齐喑，惟闻一连串真挚感人的日本话在前沿上空萦绕回旋，和对面的敌方士兵谈父母、谈妻孥、谈故国家园思乡之情……随着喊话的持续，对方阵地的枪炮声也渐次稀疏……七人中，有三人不幸陨命沙场，他们是：曾当过日本比谷警察署警察的大山秀夫、原东京某公司职员鲇川诚二、汉名陈松泉的日籍台湾人松山速夫。

《我们七个人》还是一部昆仑关战役中国抗战军人的群像谱，记录了在这场国军以伤亡逾万的代价，歼灭日酋 4000 人的惨胜中，上至白崇禧、杜聿明，下至团营长、普通参谋士兵的浴血战绩。

由于在昆仑关战场上的出色表现，鹿地亘给陈诚留下了深刻印象。1940 年 9 月，陈诚卸任军委会政治部部长一职，改赴湖北恩施出任第六战区司令长官兼湖北省主席，很快便应郭沫若的建议，亲下手令批准鹿地亘率反战同盟前线工作队在第六战区开展活动。10 月 9 日，鹿地一行经长途跋涉到达恩施。当其时，由于武汉已于 1938 年陷落，恩施便成为了湖北的政治、军事中心，省会迁址于此，六战区司令部亦驻扎于此。12 月中旬，鹿地前线工作队出现在宜昌六战区二十六军四十一师前沿战壕，趁夜向 200 米外的日军阵地喊话。曾任反战同盟前线工作队中校日语翻译的张令澳对首次火线广播有过如下回忆：

鹿地亘首先向日军讲话。……突然间，对方战壕中发出一阵粗厉的吆喝声："马鹿野郎！你们是日本人吗？朝鲜佬，是吗？"鹿地亘立即对着话筒说："你们怎么说我是朝鲜人？我是地地道道的日本人。我叫鹿地亘，是鹿儿岛人，要不要让我说几句鹿儿岛方言？"接着他说了几句鹿儿岛土语。对方"哟——哟——"地叫了起来，又吼道："会唱日本军歌吗？"有人插嘴喊："叫个女人来唱！"又有声音夹着骂："八格野鲁（马鹿野郎）叛逆！不怕打死你吗？"接着三四个日本兵唱起日本军歌来了。鹿地立刻叫会唱日本军歌的队员新井田寿太郎也唱起来，别的几个队员也跟着唱起来了。如此活跃了几分钟，鹿地又讲起话来，问日本兵想不想家，为什么跑到中国腹地来打仗，侵略战争是不得人心的，是非正义的，是孤立的，注定要最后失败的……对方静默了一阵又有人唱民歌了，骂人了……快到午夜12时，有一阵军号声音，对方阵地突然变得鸦雀无声了，再也不回答我方的声音。鹿地趁此机会把早已预备好的长篇讲话稿一字一句地宣读一遍……

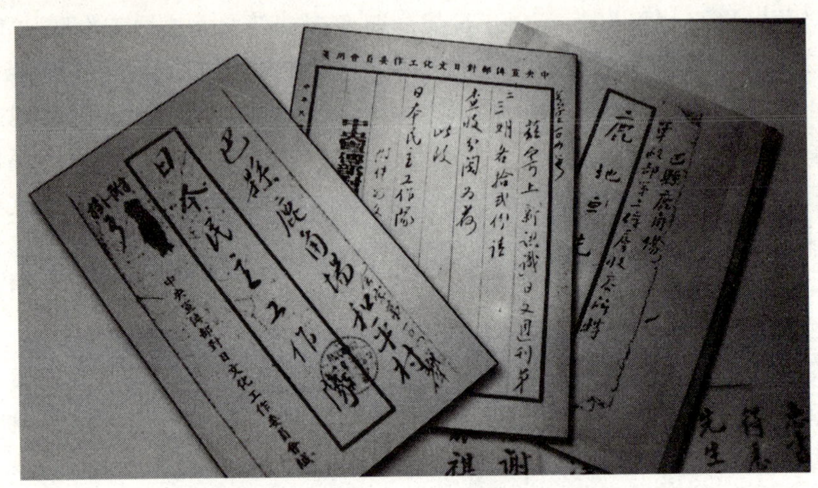

陈诚写给在华日人反战同盟及鹿地亘的信

鹿地亘领导的反战同盟及其研究室除了直接上战场喊话外，还进行了大量对策研究、心理攻坚、宣传鼓动、文艺演出等活动，激发日军士兵厌战怠战、思乡反战情绪。昆仑关战役后，鹿地亘根据大山秀夫、鲇川诚二、松山速夫三义士的壮举，执笔写成反战话剧《三兄弟》，直接由日俘中的觉悟人员饰演角色，用日语对白，先后在桂林、重庆等地公演，获得了极大成功。然而，1940年5月7日，演出在重庆进行到第三天时，遭到军政部长兼参谋总长何应钦的蛮横禁止，理由是“涉及给中国将士以恶劣影响”。

对异己力量的防范乃至镇压，在国共第二次合作的抗战时期，一直是国民党顽固派手中玩弄的杀手锏，所谓“攘外必先安内”的蒋氏定理，最终导致了亲痛仇快的“皖南事变”（1941年1月）。与此相呼应，包括镇远在内，国民党顽固势力对中共人员的打压持续不断，反战运动屡受挫折。

1942年6月22日，中共地下工作者康天顺就任镇远第二俘虏收容所中校主任管理员。康天顺出生于1915年，原籍台湾，日本早稻田大学商科毕业，1938年3月回国投身抗战，起初在郭沫若主持的文化工作委员会第三组（敌情研究组）工作，经郭沫若、阳翰笙与中共特别支部书记冯乃超商议决定，被派往镇远，负责主持和平村政治理论学习和反战活动。甫一到任，康即于当年夏天组织了纪念收容所成立四周年文艺演出，邀请镇远师范学校师生在所内演出著名抗战街头剧《放下你的鞭子》等。同年12月25日，又组织由鹿地亘直接组建的训练班成员，举办纪念反战同盟西南支部成立三周年文艺晚会，上演自编自演的日语反战话剧，请后院其他战俘演奏自制的小提琴、月琴、四弦琴。1943年5月1日，康天顺又组织训练班在前院集会，庆祝五一国际劳动节，高唱《国际歌》、《劳动歌》。还邀请镇远师范学校师生在“九一八”纪念日来所教唱《松花江上》、《长城谣》等。

康天顺还在日俘中成立“新闻社”，创办时事半月墙报《新闻》；成立“群像社”，编辑文艺墙报《群像》。以此为基础，1943年9月1日，收容所成立了《东亚先锋》刊物社，出版16开直行日文版反战季刊《东亚先锋》。康天顺遵循我八路军“瓦解敌军和宽待俘虏”原则，组织俘虏在院内修建浴室、医务室，开挖泉水井，上石屏山采摘野味山珍、下舞阳河捕捞游鱼虾蟹，调剂生活，改善俘虏精神状态。在康天顺主事期间，镇远所显示出了前所未有的勃勃生机。

然而，1943年11月28日下午，镇远所突然接到军政部第一次长、蒋介石侍卫长钱大钧署名的逮捕令：“着将该所主任管理员康天顺就地扣押，交当地宪兵队速解来渝。”所幸12月5日康天顺在被押送重庆的途中巧遇前往镇远的鹿地亘，消息于是被传播了出去，一位美国记者还将报道发表在了国外报纸，康天顺本人也设法使郭沫若得知了他被囚于重庆望龙门军统监狱的境况。国民政府怯于中共方面以及国内外舆论的压力，终于没敢对康下手。

1945年8月15日，日本裕仁天皇宣布无条件投降。9月14日，正在进行“重庆谈判”的中共首脑毛泽东、周恩来、王若飞，在临时办公地点重庆桂园会见了鹿地亘及其夫人池田幸子。毛泽东主席仔细询问了在华日人反战同盟的工作情况，对日本反战友人的不懈努力表示了赞赏，特别希望“珍视这些干部”。

“重庆谈判”期间，国共双方签署了《双十协定》，依据“释放政治犯”条款，康天顺获释，在华日人反战同盟也结束了它在中国的历史使命，所有盟员即将返回东瀛。1946年3月13日，重庆21家民间团体在西蜀实业大厦集会，隆重欢送鹿地亘夫妇以及日本反战人士归国，在渝各大民间团体、新闻出版机构和郭沫若、李德全、夏衍、冯乃超、王云五、罗隆基、于立群、安娥、邓初民、李侠公等数十位知名人士出席集会并签名欢送。陪都青年联谊会向鹿地夫妇赠送红绢黑字锦旗一面，上书：“反对法西斯使我们携起手来，争取民主更要彼此永远结合。”会后，由康天顺护送反战同盟和平村民主工作队137人前往上海，然后转乘海轮返回日本，在到达日本博多港时，工作队宣布解散，彼此约定今后共同为建设民主日本而努力。鹿地夫妇及两个子女则由郭沫若亲自安排，先乘飞机抵上海，再返日本。

七

需要特别添加一笔的是，反战运动不仅在国统区开展得有声有色，在中国共产党领导的抗日根据地同样进行得风起云涌。

1937年11月4日，八路军115师首次抓获日俘三人。1939年8月20日，115师宣传部长萧向荣代表八路军发表《八路军新四军两年来的战绩》一文，公布两年来共作战3219次，毙、伤日军72030人，俘获日军1339人。1939年11月7日，由朱德总司令批准指导的“在华日本士兵觉醒联盟本部”、又称“华北日本士兵觉醒联盟”，在八路军总部驻地山西辽县（今左权县）麻田村成立，成员为已经加入八路军的日籍士兵杉本一夫、小林武夫、高木敏夫等。1942年8月，联盟更名为“在华日本人反战同盟太行支部”。1940年2月3日，日本士兵田畑作造、香河正南、后藤勇、滨中正志等，在皖南新四军军部大会上宣誓加入新四军。同年4月6日，中共中央发出瓦解敌军工作指示，要求深入研究和不断改进对敌宣传，对被俘的敌军官兵，愿回者释放，不愿回者可留用于瓦解敌军工作。1941年5月15日，日本工农学校在延安举行开学典礼，朱德到会致词，校长由日共领导人冈野进（林哲）担任。同年7月7日，八路军山东纵队总政治部举行“七七事变”四周年大会，日本士兵坂谷、金野宣誓加入八路军。同年10月26日，“东方各民族反法西斯大会”在延安召开，毛泽东、朱德、叶剑英、吴玉章等中共领导出席并讲话，延安日本工农学校35名学员集体宣誓加入八路军。1945年6月25日，日本人民解放联盟统计，已建立华北、华中两个地方协议会，晋冀鲁豫、冀鲁豫、晋察冀、山东四个地区协议会，拥有盟员1000多名。与此同期，根据地“在华日本人反战同盟”各支部分支部相继成立，遍布太行八路军129师、晋西北八路军120师，八路军晋察冀军区、太行军区、冀中军区、冀南军区、胶东军区、清河军区、滨海军区、鲁中军区，淮南新四军二师、苏北新四军三师……

因为黔东南版图上一个微小局部的存在，20世纪人类的历史目光，将注定在古城镇远长久逗留……

（本文写作得到贵州省黔东南州旅游局的大力支持，并参照了该局提供的由邱宗功等人编撰的《和平村与反战运动》以及《苗疆古城镇远》等资料的相关内容，在此一并致谢！）

一个国民党军官眼中的上海“失守”记

王楚英（口述）朱晓明 臧庆祝 关 健（整理）

〔口述者简介〕

王楚英，1923 年 11 月生于湖北黄梅县。1937 年 8 月任国民革命军 11 师 33 旅准尉译电员，参加淞沪抗战，被 18 军军长罗卓英誉为“不怕死，会打仗的娃娃排长”。1939 年考入中央军校第 17 期，1941 年毕业后任 54 军军长黄维的警卫连长、军委会驻滇参谋团团长林蔚的机要参谋，后随中国印缅军事代表侯腾入缅，任华侨抗日志愿队队长，1942 年 3 月任盟军中国战区参谋长史迪威上将联络参谋兼警卫队长。1945 年 8 月以警卫负责人身份，亲历了中国战区日军从芷江洽降到南京签降的全过程。解放上海战役时，任国民党第 52 军副参谋长兼 296 师参谋长。1949 年 5 月去台后，任国民党陆军总部办公室主任、总政治作战部设计委员会秘书长、52 军参谋长、陆军少将。1954 年满怀报国赤忱，毅然经香港起义回归祖国大陆。2005 年 9 月，以抗战

1945 年 9 月，王楚英在南京参加接受日本侵略军投降仪式，任“中国陆总”前进指挥所少校、联络组长时摄

将领代表身份应邀赴北京出席纪念中国人民抗日战争胜利暨世界反法西斯战争胜利60周年大会。现任南京市政协专员。著有《军碑一九四二——王楚英亲述中国远征军滇缅会战全过程》、《铁血光荣——从芷江到南京：受降日军亲历记》、《史迪威的军事思想与指挥艺术》、《抗日名将叶佩高》。

1949年5月27日这天

1949年5月27日，对曾经苦难深重的上海人民来讲，是个令人欢欣鼓舞和难忘的日子；而对于我这个曾经镇守上海的国民党军队的中级指挥官来讲，同样是个令人暗自庆幸与刻骨铭心的日子。就在27日凌晨二三点钟的时候，我终于接到了上级要我部从宝山月浦阵地向吴淞口撤退的命令。当时我在国民党52军任军副参谋长兼296师参谋长，那时我们师长不在，我已实际上行使着师长的职权。终于可以从宝山月浦这个既熟悉又可恶的阵地上撤下来了，我赶紧下命令：不要发出任何声响；也不要破坏任何东西；以最快的速度向吴淞口撤退。此时部队的官兵们都巴不得能立刻“飞”到吴淞口。

赶到吴淞海军码头，天已蒙蒙亮了。说是撤退，实际上四面八方都是溃败下来的国民党军队，都朝码头方向涌去。地上白花花的银元，也没有人去捡，大家可能都只有一个想法：尽快上船！越是挤，人流的速度就越慢。我身边的几个卫士灵机一动，将我高高举起，从人头上抬了过去。不然筋疲力尽的我无论如何也穿不过这“溃不成军”的人山人海。船要开了，还有当兵的要往船上挤；岸上有人眼看上不了船，急得向船上开枪；船上的人也不甘示弱，开枪予以还击……就在船从吴淞码头离开时，船上和岸上还火拼了几个弟兄，有的还被挤进了黄浦江。

船出吴淞口，上海如何一步步失守，又一一浮现在我的眼前：往事真是不堪回首……

曾经拥有最坚固的“盾”

上海战役有得打还是没得打？进而言之就是上海能否守得住？其实当时我们这些国民党官兵心里都非常明白：长江天险，解放军一个大步就跨越过来了，更何况上海本身没有什么“天险”可依。

从军事观点来讲，上海这座城市，是不能作战的。把城市打烂了，任何一名指挥官、士兵、老百姓都不会答应。当然，城市的巷战只能作为具体的战术来讲。作为战略来讲，是绝不能以上海这座城市作为依托来展开战争的。关于这点，名义上下野的“蒋总裁”心里明白，我们心里也十分清楚，不然真的要成为中华民族的“千古罪人”了。因此，上海守卫战，注定是要在相对较为开阔的郊区展开。

我当时作为国民党52军副参谋长兼296师参谋长，参加了几次会议，都是关于如何“守”上海的。

对于蒋介石为什么要守上海，我当时想恐怕有这样三个目的：第一是“牵制”，促使解放军第二、三野战军不能迅速地向西南和东南方向推进。当时我们在上海的守军，对外一直号称有30万人，后来我核实下来，恐怕只有20来万人。即使这样，解放军要解放上海，起码要拿出60万兵力。那时依我们掌握的情报，解放军第二、三野战军也不过六七十万人，如果能在上海牵制住他们，就能够减轻西南和东南方面的压力。第二是“搬家”，因为从经济上考虑，上海毕竟是当时远东最大的城市、中国的经济中心。解放军的渡江战役实在太快了，国民党在上海的很多资产还来不及运走。所以守上海的另一个目的就是为了搬家。在上海打一仗，说白了，就是为了多争取些时间，能争取一天是一天，能争取一小时是一小时，目的是为了多运些东西到台湾。第三是“妄想”，妄想把美国和英国这两个“伙伴”一起拖下水。因为上海同时又是个国际化的大都市，美国和英国等在上海有很多利益。当时英国人已经为兵舰事情同中共发生摩擦，虽然我们知道“蒋总裁”不喜欢英国人，可当时，他是非常乐意把英国人拖下水的。同样他更想把美国也拖下水。虽然蒋介石在美国总统竞选时，是支持杜威而不支持杜鲁门的。杜鲁门上台以后，自然也没有给蒋介石好脸色看。即使这样，蒋介石还是幻想上海的守卫战，能够引起国际社会，特别是美国和英国的高度关注，尽量把他们拖下水，幻想引爆第三次世界大战。

结果三个目的，第一、第二个目的算是基本实现了，而第三个目的，没有起到丝毫作用。墙倒众人推。特别是美国的杜鲁门总统，巴不得蒋介石快快退守台湾。

从军事理论的观点来讲，上海的地形是一个背水阵。还有上海的纵深太小，很容易让解放军变成一个全线攻势，东边沿着浦东，西边沿着七宝、真如、大场、刘行、罗店一线，一下子到吴淞口，把两边口子一扎，时间一长，袋子里面必定着火。后来解放军的确采用这样一个攻势，叫做“钳击吴淞口，解放大上海”。

渡江战役打响以后，国民党在南京、镇江、苏州沿线的部队，陆陆续续，共有第123军、99军、54军、51军、21军退到上海，算上上海原有的4~5个军，加起来整个上海名义上有9个军，其中12军在高桥，另外一个37军就是沿着浦东的北蔡东西线，他的前（南）面还摆了一个51军，在51军前（南）面还有一个支队，就是江苏的保安队。他们在奉贤、南汇这些地方担任警戒，在松江那边还有一个123军，有两个师在松江守卫，还有一个师在太仓守卫。

当时上海分了三个守备区。第一守备区从大场一直到宝山，有21军、52军两个军，实际上21军归我所在的52军指挥。第二守备区是从大场以南一直到七宝、莘庄这一线，有75军、54军、99军三个军。第三守备区是浦东守备区，有37军、51军再加上12军三个军。另外一个123军作为前线的侦察掩护部队，分别据守在松江和太仓等前进据点上。守备区保卫下的核心阵地就是市区里面整个苏州河和黄浦江的中心地带，这个就由交警部队还有宪兵部队防守，由上海警备司令部陈大庆负责指挥。由石觉任淞沪防守司令，指挥三个守备区专门负责市郊和外围的防守与作战指挥。守卫上海还有三个炮兵团，另外还有四个工兵团，两个汽车团，还有一个技术总队，对外号称30万人，我算下来实际上只有20来万人。不知道汤总司令是如何算的。

国民党的几个军，虽然还保留着军的番号与建制，但像54军原有的三个师，当江阴要塞其中一个师起义后，汤恩伯马上命令54军的291师，去反攻江阴。在反攻过程中，这个师的师长廖定藩就被打死了，由黄埔12期的吴世英继任师长，这个师消耗掉一半，所以54军实际上只有一个半师。

为了实现前面所说的三个目的，在这之前国民党在上海郊区构筑了大量的碉堡、碉堡群、铁丝网、壕沟、高地等军事设施，以阻挡解放军进攻。据我所掌握的资料，当时国民党光碉堡就修筑了3500多个。这些碉堡4月23日以后就能投入使用了。这3500多个碉堡，从沪西一直到宝山这一带，大概有2000多个，在浦东地区大概有1000多个，另外在龙华、七宝、华漕这些地区还有一些。

我所在的296师原来驻守在苏州，4月23号才从苏州调过来，最后被摆在宝山，所以对宝山乃至上海郊区的那些碉堡我太熟悉了。我可以将它们分为两类。一类枪眼洞口朝东的，那是1937年"八一三"淞沪抗战留下的，是为了抵抗日军入侵而建造的。我14岁在国民党11师33旅任准尉译电员和排长时就曾经使用过。那时使用它们是为了捍卫民族的尊严和国土不受侵犯，觉得非常光荣。战斗也打得非常惨烈。唉，不提了。而另一类，绝大多数的碉堡的枪眼是朝西、朝西南西北的，那是为了抵抗解放军从西、西南、西北方向打进上海。这些碉堡的坚固性是不用说的。对于守卫上海而言，我们已经拥有了最坚固的"盾"——碉堡和碉堡群。同时我们还拥有美国最先进的进攻武器。当然进攻性武器，不少已被解放军缴获了。可我们这些正规部队，武器弹药是从来不缺的。还有粮食也是不缺的，上海本身就是一个补给基地。毫不夸张地说：我们当时凭着这些碉堡，的确让进攻上海的解放军付出了惨痛的代价。每当想起这些，我都非常揪心：同是炎黄子孙，都是手足同胞啊！

蒋经国曾两次到月浦阵地"督战"

我们都知道两军（兵）相遇勇者胜的道理。可在守卫上海的那些日子里，我再也没有看到国民党军队北伐统一中国和抵抗日本侵略军的战斗风貌了。不瞒你们讲，为了鼓舞官兵们的士气，当时我这个军副参谋长和师参谋长还真的动了不少脑筋呢。

当时，我提了几条建议：

第一，要改变军心。当时大家都明知国民党军的致命伤是军心不稳，厌战、怕战。要把这个态势转变为敢战、敢死。这么一个转变是不容易的。所以我就提出一个建议，把所有被俘放回来的官兵集中起来，组成报告团，让他们进行所谓的"现身说法"，利用他们来做教员，让他们来"揭露"解放区所谓的黑暗。我知道这是在颠倒黑白和混淆视听，我也知道这些被放回来的人，私下里都讲解放区和解放军如何如何好。但在高压政策的威逼下，他们只能讲解放区和解放军如何不好，如何恐怖，这样让那些没有被俘过的人，听到这些被俘虏过的人所谓的"现身说法"，久而久之就产生了一种"仇共"的心理。

第二，加强政工和民主管理。过去国民党军队里，对政工一向是轻视甚至是歧视的。军队政工干部和军事干部之间长期处于一种不合作的状况。如何改变这种局面呢？我提议让带过兵的官来当政治指导员，因为他知道当兵的最渴望什么。加上前面说的，让被俘放回来的人员讲政治课，现身说法。我还提议，每个师办一个政工干部训练班，师、团以上的建立政工制度，营、连以下的建立政治指导员，排里面副排长叫辅导员，班里面要建立政治战士。政治战士就是比班长权威还高，他在班里面是起核心作用的。还有建立保防战士和监察战士。监察战士可以监督连长、司务长是不是贪污，希望达到国民党军队提出的几大公开：经济公开、意见公开、人事公开和赏罚公开。我想这些制度本身肯定是好的，但在当时国民党部队，已经很难实行了。当时我们在苏州，就举办过一个训练班，政治战士有了，监察战士有了，保防战十有了，几大公开也着手认真贯彻，都由战士监督执行。为此其他部队还都来参观，问我怎么会想起搞这些民主与公开？我说不是我发明的，我是跟共产党、解放军学的。除此，我根据国民党军队的现状，还提出了以下三项改革措施：

一是将银元直接发到士兵手中。当时在军队里面，最头疼的是，由于物价的飞涨，金圆券变成"废纸"了。后来部队也改发银元了。但国民党军队里，长官贪污是一种风气，当时我们也想通过上海守卫战把这个坏风气改掉。前面提到的每一个班里面的"三个战士"都要起作用。上面给每一个士兵发银元，就要直接发到他们的手中，不能经过层层剥削，要杜绝贪污。同时，吃的也要好，一定要定量、足量，中间不能有揩油。这样士兵吃好了，钱到手了，没有人贪污了，他们打仗就会勇敢了。

二是整肃“内奸”。我们不少官兵是解放军放回来的，有些人是带有任务的，这些人要查出来。对动摇分子，他虽然不是放回来的，但是看到了发现了也要查。实际上我自己就很动摇，我是不想来上海的。因为刘玉章一个电报接一个电报把我要回来了，起先我的家属没有来。那个时候还指望和谈能够成功。刘玉章左一个电报右一个电报，甚至还想给我安排飞机，要把我的家属也接来。表面看是对我的关心，当时能够享受到这种“待遇”的也确实不多。实际上我心里非常清楚，那是把家属作为人质，逼我更好地为他们卖命。

三是后勤供给一定要跟上去。过去国民党打起仗来，前面的连长要派人后面去领弹药。我当时下令前面的人不再到后面领弹药了，改由后方往前方送。打伤的、打死的，都由后面的人上来处理，阵地前沿的只管守卫和打仗（轮换除外），弹药要送上去，饭也要送上去。这样前沿阵地就能无后顾之忧了。我的这个做法，也得到了“蒋总裁”的赏识，他曾批示要推广开来。但在国民党的部队里各搞各的，根本没有推广。

当部队进入月浦阵地以后，我曾三番五次地督促手下官兵熟悉和熟练使用每一处防守的工事和每一座碉堡。那些工事是雇老百姓挖的，那些碉堡是我们工兵建造的。我要求他们很好地利用这些工事和碉堡。特别是那些碉堡，用得好可以当作自己的盔甲；不会使用就会变成囚禁自己的牢笼。“死”碉堡如何“用活”，发挥好作用，这里面学问很大，包括：从碉堡往外看，400～500 米发现解放军与 200～300 米发现解放军分别如何处置？步枪、机关枪何时进入阵地，如何进行急袭射击和狙击？碉堡与碉堡之间如何联络、协防等等。要从攻与守两个方面谋划守卫战。

我心里非常清楚，我们 52 军原来在东北只是支二流部队，但到上海却成了蒋介石手里的“王牌军”。5 月 10 日，我带了一个团到太仓西边的直塘镇，暂时抵挡了解放军 29 军一个搜索营的进攻，回来就说是“直塘大捷”；5 月 12 日，我们从浏河撤退了，又说是“浏河大捷”。从 12 日晚上到 13 日白天，我们在月浦的好多碉堡丢掉了。13 日我们组织反攻。因为这些碉堡的枪眼都是朝西方向的，已经失去了掩体作用，解放军撤退了，我们又吹是“月浦大捷”。汤恩伯还专门在国际饭店设宴为我们“庆功”。反正好像每天宣传都有“大捷”。

或许因为我的战绩，或许因为月浦阵地的重要性，实际上是为了能更拖延一些时间，当时的“皇太子”蒋经国就曾经先后两天两次到我所在的月浦阵地上名为视察，实为督战。

5 月 15 日下午，蒋经国穿着一件夹克衫，自己开着车子来到月浦前线阵地。车上只有两名卫士。蒋经国对我说：你带我到前面去看看。我就带着他来到了月浦的最高阵地上。当他看到阵地下面的壕沟里还有几具尸体没有清理干净时，就马上批评我，这个工作你做得太差了。我回答说那是共产党的。他说如果是共产党的，你也应该清理干净；如果是国民党的，你就更应该清理干净。我心里想，没想到蒋经国还蛮有人情味的。在回来的路上，他对我说，你这支部队打得不错，是什么原因？我说就是先安定军心和建立一些必要的制度。蒋经国叹了一口气，然后说，现在看来已经晚了。不过大陆以及上海的失守，对蒋经国乃至整个国民党还是有很大触动的。蒋经国上台以后，又对国民党和国民党军队进行了改造。这是后话了。

5 月 17 日下午，蒋经国第二次来到月浦阵地视察和督战。这回他除了察看防守情况外，更多的向我宣传上海是个大染缸，共产党红的进来，说不定会染成什么颜色。蒋经国还告诉我，他父亲蒋介石对他说，还有好些东西没有运，还在抓紧时间运，所以他还没有走。言下之意，要我们这些炮灰还要抵挡下去。事后我知道，蒋经国是5 月 23 日才离开上海的。

就这样，为了达到上面所说的三个目的，上海守卫战，说是要坚守半年的，实际上只打了 16 天。虽然从上海运走了不少东西，可战死了几万人，被俘的也有十来万人，逃走的约有七八万人。我能在 5 月 27 日早晨从宝山月浦撤退到台湾，也算一种侥幸吧！

历史的沉思

退守到台湾以后，不论大小国民党官员，还是普通的国民党党员，包括蒋介石、蒋经国，都曾进行过反思。其他不说，就说 1949 年 8 月 17 日我在台湾参加“革命实践研究院”第一期受训时，蒋介石给我们作“军人魂”报告，他在总结溃败大陆的历史教训时，就在我们面前哭了三次。第一次是骂桂系逼他，不让他背水一战，连他与南京共存亡的机会都没有，说着说着就泪流满面哭起来了；第二次是哭美国人逼他去流亡，他说他是一个中国人，连在大陆生存的条件都不具备了，搞成这样；第三次哭，说是为我们而哭，他说：“你们都是败兵之将，就这样跟着我，我有罪啊！”那时他还痴人说梦般地说了一年准备、两年反攻、三年“扫荡”、五年成功的所谓“反攻大陆”计划。我心里就在嘀咕：大陆的大好河山四年不到的光景就给丢尽了，“反攻”谈何容易啊！

我想起 1945 年去南京参加接受日本侵略军投降，老百姓真是把我们当作亲兄弟一样。飞机场外面有一条壕沟，老百姓趟着没到胸口的河水，头上顶着茶壶和篮子，篮子里面有山芋和熟玉米来送给我们吃；我们也顾不上他们身上的河水、泥巴，将他们抱起来。我们和老百姓抱成了一团、哭成了一团。我们也把部队发的美国罐头和香烟拿出来慰问老百姓，那情景至今历历在目……可是没过一二个月，当我们参加完日本侵略者受降仪式离开南京时，老百姓都纷纷摆出了香案来送我们。开始我还以为是老百姓在欢送我们呢。我们的军长对我两眼一瞪说：“你傻呀，那是老百姓在把我们当‘瘟神’一样送啊！”从此我开始感悟。是啊，进城以后国民党大小官员，一个个都是“五子登科”，只怪自己捞得太少、太慢，哪管老百姓的柴米油盐。所以我感觉 1945 年 8 月日本侵略者投降以后，就注定了国民党在大陆的失败。上海失守，只不过是整个大陆失守的一个组成部分而已。

共产党与国民党截然相反。毛泽东在西柏坡特别是在中共七届二次全会上的那些讲话，多么令人振聋发聩！共产党早就在敲警钟了，而国民党在抗战胜利后，只顾占领只顾捞，哪能不失败呢？这真是惨痛教训啊！